함께 묵상하는

_____ 랑 _____

커플 100일 큐티 (개정증보판/그 남자)

© 생명의말씀사 2002, 2025

2002년 10월 20일 1판 1쇄 발행
2024년 2월 8일 20쇄 발행
2025년 10월 30일 2판 1쇄 발행

펴낸이 | 김창영
펴낸곳 | 생명의말씀사

등록 | 1962. 1. 10. No.300-1962-1
주소 | 서울시 종로구 경희궁1길 6 (03176)
전화 | 02)738-6555(본사) · 02)3159-7979(영업)
팩스 | 02)739-3824(본사) · 080-022-8585(영업)

기획편집 | 허윤희
디자인 | 이규리
인쇄 | 영진문원
제본 | 다온바인텍

ISBN 978-89-04-14158-6 (04230) - 그 남자
ISBN 978-89-04-14159-3 (04230) - 그 여자
ISBN 978-89-04-70120-9 (세트)

저작권자의 허락 없이 이 책의 일부 또는 전체를
무단 복제, 전재, 발췌하면 저작권법에 의해 처벌을 받습니다.

커플 100일 큐티

아름다운 관계를 소망하는 이들의 묵상집

오대희 지음

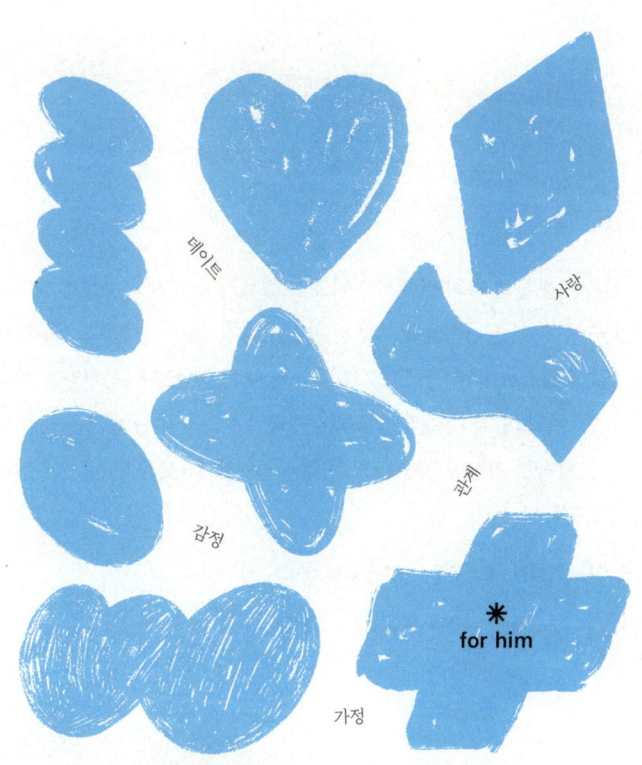

for him

◦ 추천사 ◦

많은 신혼 부부들을 교회 안에서 만나고 그들을 양육하면서 절실히 깨닫는 것이 있습니다. 신혼 가정들을 세우기 위해 유용한 많은 지식들과 세상적인 처방전들이 필요하지만, 궁극적으로 필요한 것은 하나님 말씀이라는 사실입니다. 하나님 말씀을 깊이 묵상하며 구체적인 적용을 돕는 반가운 책을 만났습니다. 행복한 가정을 꿈꾸는 모든 청년들에게 이 책을 안겨 주고 싶은 마음이 간절합니다.

박지웅 목사·최희진 사모 부부 | 내수동교회

젊은이들은 두근거리는 마음으로 결혼의 행복을 꿈꿉니다. 그러나 결혼을 향한 하나님의 마음을 깊이 생각하는 커플은 많지 않습니다. 여기 보석 같은 커플 100일 묵상집을 강력! 추천합니다. 이 책이 탁월한 이유는 결혼에 관한 다양한 주제로 성경적 원리에 따라 함께 나눌 수 있게 구성되었기 때문입니다. 하루하루 쌓여 가는 100일의 묵상 여정은 두 사람을 말씀으로 견고하게 하나 되게 합니다. 또한 아름다운 관계를 꿈꾸는 커플의 진솔한 대화와 기도의 교제는 하나님이 기뻐하시는 결혼을 준비하게 할 것입니다.

강성환 목사 · 길미란 사모 부부 | 주님의은혜교회

○ 프롤로그 ○

오늘날 한국 사회는 극심한 가정 해체의 시대를 맞이하고 있습니다. 이혼율은 지속적으로 증가해 열 쌍 중 세 쌍이 이혼하는 현실에 이르렀습니다. 믿는 가정도 예외가 아니며, 이혼 가정의 자녀 문제 역시 큰 사회적 아픔이 되고 있습니다. 마지막 때를 향해 달려가는 이 시대에 사탄은 가정을 무너뜨리는 일을 최우선 전략으로 삼고 있는 듯합니다.

또한 이 시대는 참으로 인내하지 못하는 시대입니다. 즉각적인 결과를 추구하고, 고통은 외면하며, 서로를 위해 희생하기보다는 자신에게 유익한 것을 좇는 실용주의적 문화가 보편화되었습니다. 어쩌면 우리는 기다리는 법, 참는 법을 잊어버린 듯 보입니다.

이런 문화 속에서 성경적인 가정이 자리를 잡기란 더욱 어려워졌습니다. 그렇기 때문에 우리는 더욱 말씀으로 무장하고, 서로를 위한 준비와 훈련을 해야 합니다.

이런 시대의 흐름 속에 전반적인 구성과 내용을 새롭게 다듬고 보강한 개정증보판을 출간하게 되어 감사합니다. 처음 출간되었을 당시에도 예비부부와 교제 중인 커플에게 큰 호응을 얻었으며, 현재까지 꾸준히 사랑을 받고 있습니다.

이번 개정증보판에서는 오늘날의 시대적 변화와 가정의 위기 속에서 말씀으로 더욱 깊이 뿌리내릴 수 있도록 내용을 확장하고 다듬었으며, 더욱 다양해진 Q&A와 함께 걷는 100일 체크리스트, 그리고 주제별 추천 도서를 수록했습니다.

하나님은 이 땅에 천국의 모형으로 가정을 주셨습니다. 가정은 하나님의 성품을 배워 가고, 사랑과 인내, 용서를 훈련하는 작은 하나님의 나라입니다. 이 책은 시작하는 커플 및 결혼을 앞둔 커플이 단순한 감정적 교제에 머무르지 않고, 성경적 가정을 세워 가는 준비를 할 수 있도록 돕기 위해 기획되었습니다. 또한 다시 새로운 가정을 꿈꾸는 분들, 결혼 초기의 신혼부부 등 하나님의 말씀에 기초한 바른 가정을 소망하는 모든 이들에게 열려 있습니다.

이 책은 '두근거림의 시작, 데이트, 의사소통, 사랑, 성과 연합, 경제, 관계, 감정, 비전, 아내, 남편, 경건, 바른 삶, 가정, 자녀 양육'의 중심 주제들을 묶음 단위로 구성해, 함께 묵상하고 대화를 나누며 삶에 실제적으로 적용할 수 있도록 했습니다.

서로가 하나님의 말씀 앞에 솔직해지고, 기도 제목을 나누며, 함께 신앙 안에서 성장할 수 있도록 도울 것입니다. 특히 교제 중인 커플 가운데 믿음이 연약하거나 아직 복음을 잘 모르는 경우를 염두에 두고 기독교의 진리를 자연스럽게 접할 수 있도록 내용을 구성했습니다.

가능하다면 매일 함께 묵상하고, 그 내용을 전화나 메시지를 통해 나누기 바랍니다. 매주 한 번 정도는 직접 만나 대화하는 시간을 가지면 더욱 유익할 것입니다. 그렇게 100일을 함께 걷다 보면 서로를 더 깊이 이해하고, 그리스도 안에서 한 걸음 더 성숙해진 자신을 발견하게 될 것입니다.

묵상 중에는 남성과 여성의 시각 차이를 이해하며 서로의 입장을 헤아리는 것이 중요합니다. 예를 들어 "아내들아 남편에게 복종하라"(골 3:18)는 말씀은 남편이 아내에게 강요하기 위한 말씀이 아니라, 아내 스스로 하나님 앞에서 실천할 삶의 태도입니다. 그러므로 말씀을 묵상할 때는, 하나님이 주신 역할과 부르심을 기억하며 겸손히 말씀 앞에 서야 합니다.

이 책이 하나님의 말씀 안에서 성숙하고 건강한 가정을 준비하는 데 든든한 기초가 되기를 기도합니다. 그리고 지금 이 시대의 문화적 흐름 속에서 흔들리지 않고, 말씀 위에 굳건히 서서 하나님의 가정을 세워 가는 모든 이들에게 도움이 되기를 소망합니다.

말씀으로 시작된 사랑은 반드시 하나님 안에서 열매를 맺을 것입니다. 하나님은 여러분의 가정을 통해 오늘도 이 땅에 천국을 심고 계십니다.

○ 함께 걷는 100일 체크리스트 ○

오늘 함께한 큐티를 체크하고, 100일 묵상을 마친 후에
서로에게 축복의 마음을 담은 메시지를 남겨 주세요.

001	002	003	004	005
006	007	008	009	010
011	012	013	014	015
016	017	018	019	020
021	022	023	024	025
026	027	028	029	030
031	032	033	034	035
036	037	038	039	040
041	042	043	044	045
046	047	048	049	050

○ 기도 제목 : _____

○ 시작한 날 : _____

○ 끝마친 날 : _____

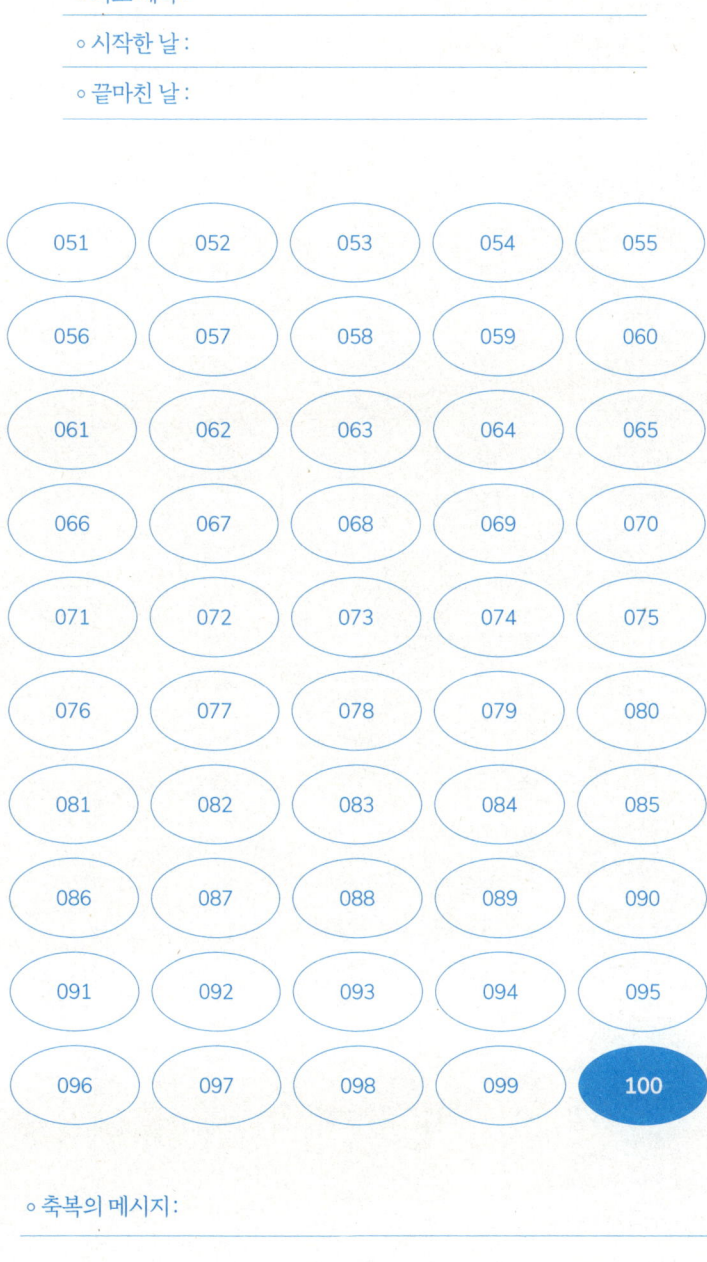

○ 축복의 메시지 : _____

_____

○ contents ○

추천사   4
프롤로그   6
함께 걷는 100일 체크리스트   10

두근거림의 시작
Letter. 하나님은 누구를 내 배우자로 정하셨을까?

001   마음 지킴   20
002   하나님의 타이밍과 인도하심
003   감정을 하나님께 드림
004   감정 속의 지혜
005   평강의 마음

데이트
Letter. 만남

006   하나님과 함께하는 데이트   32
007   만남과 성숙
008   거룩하신 하나님
009   서로를 보는 눈
010   관계를 아름답게 하는 것

의사소통
Letter. 신뢰 위에 세워지는 대화

011   언어는 인격   44
012   경청은 훈련
013   치료하는 혀

014 칭찬과 격려
015 하나님을 향한 언어
016 잘못을 시인하라
017 참된 것을 말하라
018 웃음은 명약

사랑
Letter. 사랑은 서로의 삶을 세워 주는 힘

019 사랑은 오래 참고   62
020 사랑은 온유하며
021 사랑은 교만하지 아니하며
022 사랑은 무례히 행치 아니하며
023 사랑은 성내지 아니하며
024 사랑은 진리와 함께
025 사랑은 머리카락 세기
026 하나님께서 표현하신 사랑
027 사랑은 죽음같이 강하고

성(性)과 연합
Letter. 부부 안에서 누리는 하나님이 주신 귀한 축복

028 다르게 만드신 하나님   82
029 결혼을 귀히 여기며
030 깨끗한 그릇
031 그리스도의 지체
032 하나님을 알지 못하는 까닭

경제
Letter. 가정 경제와 믿음의 연결고리

033   축복된 노동   94
034   망대를 세우는 자
035   저축과 구제
036   빚과 보증
037   선한 청지기
038   형식과 정신
039   준비하는 정성
040   만족과 행복

관계
Letter. 피스메이커로 살아가는 은혜

041   친족을 돌아보라   112
042   화목하게 하는 직분
043   네 부모를 공경하라
044   우선순위
045   진리와 화목
046   재물과 화목
047   교제

감정
Letter. 말씀으로 다스리고, 사랑으로 나누는 마음의 온도

048   과거로부터 자유함   128
049   분노
050   근심
051   내 은혜가 네게 족하다
052   로뎀나무 아래서

비전
Letter. 함께 바라볼 때 이루어지는 하나님의 꿈

053	그리스도인의 사명	140
054	결혼의 초점	
055	신성한 성품	
056	은사	
057	살아도 주를 위해 살고	
058	아름다운 부부	

아내
Letter. 믿음의 여정을 함께 세우는 돕는 배필

059	아내에 대한 명령	154
060	사라의 순종	
061	돕는 배필	
062	진주보다 나은 여인	

남편
Letter. 가정의 기둥이자 믿음의 제사장

063	남편에 대한 명령	164
064	가정에 대한 지식	
065	귀히 여기라	
066	내 몸처럼 사랑하라	
067	간음하지 말라	
068	아내에 대한 의무	

경건
Letter. 결혼 생활의 중심이 되는 신앙의 질서

069 아내를 기다리는 남자　　　　　　　　　178
070 경건에 이르는 연습
071 쉬지 말고 기도하라
072 말씀과 묵상
073 경건과 암송
074 가정 예배

바른 삶
Letter. 세상 속에서 하나님께 영광 돌리는 인생

075 가난한 마음　　　　　　　　　　　　　192
076 죄를 슬퍼하며
077 온유한 자
078 의에 대한 깊은 갈증
079 긍휼을 베풀며
080 순결한 마음으로
081 평화의 도구
082 예수님 때문에
083 한결같은 마무리

가정
Letter. 이 땅에서 천국을 맛보는 자리

084 우리를 향한 하나님의 기대　　　　　　212
085 아름다운 가정을 소망하며
086 사랑과 섬김으로 이루는 천국
087 하나님이 세우시는 가정
088 그리스도를 모신 가정

089 반석 위에 세운 집
090 사랑하며 살아야 할 존재
091 최초의 명령
092 하나 되게 하소서
093 하나님의 나라

자녀 양육
Letter. 좋은 자녀는 좋은 부모에게서 자란다

094 누구의 자녀인가? 234
095 부모의 의무
096 엘리 가정의 비극
097 경건의 자손
098 요한의 어머니
099 아버지의 본
100 여호와만을 섬기는 가정

커플 Q&A 248
주제별 추천 도서 260
에필로그 262

두근거림의 시작

Letter. 하나님은 누구를 내 배우자로 정하셨을까?

결혼을 생각하는 많은 이들이 "하나님은 누구를 내 배우자로 정하셨을까?"를 묻는다. 마치 퍼즐 조각처럼 정해진 단 한 사람을 찾아야만 하나님의 뜻에 맞는 결혼이 된다고 믿기도 한다. 그러나 성경은 결혼을 그런 결정론적인 방식으로 말하지 않는다. 하나님은 '딱 한 사람'을 미리 지정하시기보다, 그분의 뜻 안에서 지혜롭고 성숙하게 선택하는 과정을 중요하게 여기신다. 결혼의 궁극적인 목적은 '누구를 만나는가'보다 '어떻게 하나님의 뜻을 이루어 가는가'에 있다.

하나님의 뜻은 말씀 안에 있다. 하나님은 우리가 말씀과 성령 안의 지혜를 통해 바른 선택을 하도록 인도하신다. 외적인 조건보다 상대방의 신앙, 인격의 성숙, 삶의 우선순위가 하나님께 있는지를 분별해야 한다. 결혼은 이상적인 사람이 나타날 때 시작되는 것이 아니라, 서로 배우며 함께 만들어 가는 여정이다.

너무 정답을 찾으려 애쓰지 말고, 정직한 신앙으로, 진실한 사랑으로, 바른 기준 안에서 한 걸음씩 걸어가 보라. 하나님은 우리의 걸음을 선하게 이끄실 것이다. 그러므로 "이 사람이 맞을까?"보다 "내가 하나님의 뜻을 향해 신실하게 걸어가고 있을까?"를 물어야 한다. 신실하게 시작된 사랑은, 결국 하나님의 선하신 인도하심 속에서 아름답게 열매 맺을 것이다.

001
마음 지킴

Date   .   .

말씀 | 잠언 4:23
모든 지킬 만한 것 중에 더욱 네 마음을 지키라 생명의 근원이 이에서 남이니라

묵상을 위한 질문
1. 마음을 지킨다는 것은 구체적으로 어떤 의미인가요?

2. 지금 내 마음은 어디를 향해 움직이고 있나요?

적용
상대방에 대해 생기는 감정이나 기대를 그냥 흘려보내지 말고, 오늘 하루 하나님 앞에서 솔직하게 정리해 보세요. 그 안에서 어떤 부분이 하나님께 맡겨야 할 감정인지 함께 나누어 보세요.

기도
사랑의 하나님, 새로운 관계 앞에서 감정을 따라가지 않고 말씀으로 점검하게 해 주셔서 감사합니다. 제 마음을 먼저 하나님께 드릴 수 있게 해 주시고, 그 중심에 주님이 계심을 기억하게 해 주세요. 제 마음을 말씀으로 지켜 주세요. 예수님의 이름으로 기도합니다. 아멘.

메시지

사람의 감정은 눈처럼 조용히 다가옵니다. 처음엔 작은 호감으로 시작되지만, 어느 순간 마음을 가득 채우고 생각을 지배하게 됩니다. '괜찮은 사람인 것 같아', '왠지 끌려'라는 감정이 머릿속을 맴돌고, 상상과 기대를 동반한 감정의 파도가 마음을 움직입니다. 특히 관계가 시작되려는 시점에는, 설렘과 기대가 하나님보다 앞서기 쉽습니다.

성경은 이렇게 말합니다. 무엇보다 "네 마음을 지키라." 단순히 조심하라는 뜻을 넘어, 내 마음의 중심에 무엇이 있는지를 살피라는 의미입니다. 감정의 방향이 하나님을 향하고 있는지를 먼저 살펴보세요. 그리고 감정이 나의 욕망이나 불안, 혹은 허전함을 채우려는 마음에서 비롯된 것인지 점검해 보세요.

감정은 하나님께서 주신 귀한 선물이며, 이를 잘 다루는 법을 배우는 것이 영적 성숙입니다. 감정을 따라가지 않고 하나님께 맡기는 사람, 설렘을 품되 그것이 하나님의 뜻이라고 단정하지 않고 기다릴 줄 아는 사람, 그런 사람이 진짜 사랑을 준비하는 사람입니다.

하나님은 우리가 말씀으로 마음을 지키기 원하십니다. 마음은 생명의 근원, 즉 삶의 방향을 결정하는 뿌리이기 때문입니다. 건강한 마음에서 건강한 관계가 시작되고, 말씀 안에서 다듬어진 감정만이 진짜 사랑을 이루는 힘이 됩니다. 감정이 흘러가기 전에 먼저 말씀 앞에 앉아 하나님의 음성에 귀 기울이는 것, 그것이 진짜 '마음을 지키는 삶'입니다. ♥

002

하나님의 타이밍과 인도하심

말씀 | 전도서 3:1
범사에 기한이 있고 천하 만사가 다 때가 있나니

묵상을 위한 질문
1. 지금 내 마음이 조급해지는 이유는 무엇인가요?

2. 하나님의 때를 신뢰하며 기다려야 할 일은 어떤 것인가요?

적용
관계가 너무 빠르게 흘러가거나, 혹은 상대방의 반응이 늦어 답답할 때, 내 마음을 조율할 필요가 있습니다. 오늘 하루, 감정의 속도보다 하나님의 타이밍을 더 신뢰하고 의지하겠다고 결단해 보세요.

기도
사랑의 하나님, 모든 일에 정하신 때가 있다는 말씀으로 저의 조급함을 멈추게 해 주셔서 감사합니다. 사랑도 감정도 하나님의 시간 안에서 이루어지기를 원합니다. 주님의 때를 신뢰하며 기다리는 믿음을 제 안에 심어 주세요. 예수님의 이름으로 기도합니다. 아멘.

메시지

'지금이 아니면 늦어 버릴까 봐', '지금 이 감정은 분명 하나님이 주신 거야'라는 생각은 때로 우리를 성급하게 만들고, 하나님의 인도하심보다 감정의 흐름을 더 신뢰하게 합니다. 연애나 관계에서 이런 조급함은 겉보기엔 좋은 기회처럼 느껴지지만, 사실은 혼란의 시작이 될 수 있습니다.

하나님은 "범사에 기한이 있고 천하 만사가 다 때가 있나니"라는 말씀으로, 모든 일에는 그분의 타이밍이 있음을 알려 주십니다. 감정이 아무리 강하고 선해 보여도, 하나님의 때가 아니면 기다려야 합니다. 좋은 관계도 때를 놓치면 시험이 되고, 아름다운 감정도 하나님의 시간표 밖에서는 부담이 될 수 있습니다. 즉 사랑도, 선택도, 표현도 '때를 분별하는 지혜'가 필요합니다.

하나님의 시간은 언제나 정확합니다. 우리가 보기에 더딘 것 같고, 기회가 지나간 것 같아도, 하나님은 항상 가장 정확한 때에 가장 좋은 것을 주십니다. 우리가 기다리는 시간은 결코 헛되지 않습니다. 그 속에서 우리는 감정의 본질을 점검하고, 관계의 방향을 확인하며, 내 마음이 누구를 향하고 있는지를 더 깊이 들여다보게 됩니다.

관계의 시작뿐 아니라, 깊어짐과 결단의 모든 단계에 '하나님의 때'가 있습니다. 우리가 지금 해야 할 일은, 내 감정이 아닌 하나님을 신뢰하며, 그분의 인도하심을 기다리는 것입니다. 사랑은 기다릴 줄 아는 사람에게만 아름답게 피어납니다. ♥

003

Date   .   .

감정을 하나님께 드림

말씀 | 시편 37:4
또 여호와를 기뻐하라 그가 네 마음의 소원을 네게 이루어 주시리로다

묵상을 위한 질문
1. 지금 내 감정이 하나님께서 기뻐하시는 방향으로 자라고 있을까요?

2. 나는 내 감정을 하나님께 솔직히 말씀드리고 있나요?

적용
오늘 내 마음에 떠오른 기대, 소원, 호감 등의 모든 감정을 감추지 말고 하나님께 솔직하게 고백해 보세요. 그분은 우리의 마음을 아시고 가장 좋은 때에, 가장 선한 방식으로 이루십니다.

기도
사랑의 하나님, 감정을 억누르기보다 하나님 앞에서 솔직하게 고백하게 하시니 감사합니다. 주 안에서 기뻐하고, 제 모든 감정을 주님께 아뢰며 분별하게 해 주세요. 저의 소원을 주님께 맡기고, 주님의 뜻 안에서 기다릴 수 있는 믿음을 주세요. 예수님의 이름으로 기도합니다. 아멘.

메시지

우리는 누구나 사랑받고, 누군가와 특별한 관계를 맺고 싶어 합니다. 이성에게 끌리는 감정은 자연스러운 것이며, 하나님께서 허락하신 아름다운 선물입니다. 문제는 그 감정을 누구와 나누고 어떤 방식으로 풀어내느냐입니다.

시편 기자는 "여호와를 기뻐하라"고 말합니다. 단지 하나님 안에서 만족하라는 뜻을 넘어, 하나님과의 관계 안에서 마음의 중심을 세우라는 말입니다. 우리가 하나님을 기뻐하면, 즉 하나님과 교제하고 그분의 말씀 안에 머무르면, 우리 마음은 정결해지고, 소원도 다듬어집니다.

많은 사람이 감정을 바로 표현하고, 관계를 통해 마음의 공허함을 채우려 합니다. 하지만 진짜 사랑은 인간의 욕구가 아니라, 하나님과의 친밀한 관계 안에서 자라납니다. 오늘 내가 품은 감정과 기대도, 먼저 하나님께 나누고 그분께 질문해야 합니다. "이 관계가 하나님 안에서 기쁨이 될까요?, 이 감정이 하나님을 더욱 사랑하게 만들까요?"

하나님은 우리를 조용히 바라보며 기다리고 계십니다. 우리의 감정, 소원, 불안을 모두 다 아십니다. 그분은 우리의 소원을 무시하거나 함부로 다루지 않으십니다. 오히려 우리가 그분 안에서 기뻐할 때, 우리의 소원을 정결하게 하시고, 가장 아름답고 선한 방식으로 인도하십니다.

오늘은 내 감정을 억누르지도 말고, 무작정 따르지도 말고, 하나님께 드려 보세요. 가장 안전하고 깊은 평안을 누리게 될 것입니다. ♥

004
감정 속의 지혜

말씀 | 야고보서 1:5
너희 중에 누구든지 지혜가 부족하거든 모든 사람에게 후히 주시고 꾸짖지 아니하시는 하나님께 구하라 그리하면 주시리라

묵상을 위한 질문
1. 나는 지금 이 감정을 어떻게 해석하고 있나요?

2. 관계를 결정하거나 마음을 표현하기 전, 하나님의 지혜를 구한 적이 있나요?

적용
오늘 하루, 관계와 감정에 대해 스스로 판단하지 말고, 하나님의 지혜를 구하는 기도를 해 보세요. "하나님, 지금 제 마음을 어떻게 이해해야 하나요?"라고 조용히 물어보세요.

기도
사랑의 하나님, 혼란스럽고 분명하지 않은 감정 속에서 하나님의 지혜를 구하게 하시니 감사합니다. 저의 기대나 판단을 내려놓고, 하나님께 묻고 기다릴 수 있게 인도해 주세요. 주님께 지혜를 구하는 하루를 흔들리지 않는 믿음으로 채워 주세요. 예수님의 이름으로 기도합니다. 아멘.

메시지

좋아하는 사람이 생기면, 우리는 복잡한 감정의 터널을 지납니다. 설렘, 기대, 불안, 고민, 그리고 두려움까지…. 이런 감정들이 섞이면, 무언가 결정을 내리거나 확신하기가 쉽지 않습니다. 심지어 내 감정의 방향이 맞는지 아닌지 분별하기 어려워집니다. 이때 성경은 "지혜가 부족하거든 … 하나님께 구하라"고 말합니다. 하나님은 우리가 감정을 품는 순간부터 알고 계시며, 그 감정이 바른 사랑으로 자라날 수 있는 길 또한 잘 알고 계십니다.

하나님께 지혜를 구한다는 것은, 단지 "이 사람이 맞나요?"라고 묻는 것이 아닙니다. 그보다 먼저, 지금 내 마음을 어떻게 바라보아야 할지, 어떤 태도로 관계를 이어 가야 할지, 어떤 시점에 어떤 말을 해야 할지를 배우는 것입니다.

하나님은 우리가 지혜를 구할 때 절대로 꾸짖지 않으시고, "구하라 그리하면 주시리라"고 말씀하십니다. 연애는 감정만으로 되는 일이 아닙니다. 지혜 없이는 쉽게 상처를 주고받게 됩니다. 감정이 앞설 때, 결정을 내려야 할 때, 표현하고 싶을 때 이렇게 기도해 보세요. "어떻게 하는 것이 주님의 뜻인지 알려 주세요." 그 짧은 기도가 건강한 사랑의 시작이 됩니다.

하나님은 우리가 지혜롭게 사랑하기를 원하십니다. 지혜로운 사랑만이 서로를 지켜 주기 때문입니다. 지금은 그 지혜를 배울 때입니다. 감정이 클수록, 먼저 하나님의 지혜를 구해 보세요. ♥

005
평강의 마음

Date   .   .

말씀 | 빌립보서 4:6-7
6 아무 것도 염려하지 말고 다만 모든 일에 기도와 간구로, 너희 구할 것을 감사함으로 하나님께 아뢰라 **7** 그리하면 모든 지각에 뛰어난 하나님의 평강이 그리스도 예수 안에서 너희 마음과 생각을 지키시리라

묵상을 위한 질문
1. 좋아하는 감정 때문에 생기는 염려나 불안은 무엇인가요?

2. 지금 내 감정을 하나님의 평강으로 다스리기 위해 어떤 기도를 할 수 있을까요?

적용
오늘 하루, 누군가에 대한 감정 때문에 마음이 흔들릴 때마다 잠시 멈추고 기도해 보세요. 감정에 휘둘리기 전에, 먼저 평강을 구하는 시간이 관계를 지켜 줍니다.

기도
사랑의 하나님, 저의 마음과 생각이 좋아하는 감정 때문에 흔들리지 않게 하시고, 기도와 감사로 나아갈 때 주님의 평강으로 저를 다스려 주세요. 감정을 조급하게 표현하지 않도록 도와주시고, 평안 가운데 제 마음을 인도해 주세요. 예수님의 이름으로 기도합니다. 아멘.

메시지

관계가 시작될 때, 설레는 만큼 불안하고 복잡한 감정들도 함께 따라옵니다. 상대방의 반응이 느리면 조급해지고, 말 한마디에 기대하거나 실망하기도 합니다. '혹시 이 감정이 일방적인 건 아닐까?', '내가 혼자 앞서가는 건 아닐까?' 하는 염려도 생깁니다.

좋아하는 감정은 기쁘기도 하지만, 마음을 요동치게 하는 파도와 같습니다. 이때 하나님의 사람은 그런 복잡한 감정을 자신의 생각이 아닌, 하나님의 평강으로 다스릴 수 있습니다.

바울은 "아무 것도 염려하지 말고 … 기도와 간구로 … 감사함으로 하나님께 아뢰라"고 말합니다. 여기서 주목해야 할 단어는 '기도, 간구, 감사'입니다. 스스로 해결하려 애쓰지 말고 하나님께 솔직하게 아뢰며, 이를 다스릴 수 있는 마음의 평안을 구해 보세요.

하나님은 단지 상황을 바꾸시는 분이 아니라, 우리의 마음을 먼저 지키시는 분입니다. 관계의 방향보다 더 중요한 것은, 그 과정에서 내 마음이 하나님께 붙들려 있는지입니다. 하나님은 오늘도 말씀하십니다. "네가 기도할 때, 너의 마음과 생각을 지켜 주겠다."

하나님의 평강은 우리가 기도할 때 마음 깊은 곳에 부어지는 은혜입니다. 평강은 우리가 감정에 휘둘리지 않도록 막아 주며, 관계 속에서 중심을 잃지 않게 해 줍니다. 지금 감정이 흔들린다면, 먼저 기도해 보세요. ♥

데이트

Letter. 만남

만남은 인생에서 가장 소중한 선물 중 하나다. 특히 사랑을 전제로 한 이성 간의 만남은 마음을 설레게 하고, 삶의 방향을 바꾸기도 한다.

데이트를 시작하는 두 사람에게 가장 필요한 태도는 "하나님이 이 만남을 어떻게 보실까?"라는 질문이다. 하나님은 감정을 사용하시되, 반드시 말씀과 지혜 위에 세워지길 원하신다. 따라서 데이트는 서로를 믿음 안에서 세워 가는 신중하고 건강한 여정이 되어야 한다.

감정이 앞서다 보면 이 만남이 하나님의 뜻이 맞는지 헷갈릴 수 있다. 그러나 말씀에 비추어 보고, 기도로 분별하며, 나를 아끼는 이들의 조언에 귀 기울이면, 그 만남이 바른 방향인지가 점차 분명해진다. 모든 만남이 완벽하진 않지만, 하나님의 뜻을 구하며 걸어간다면, 그분은 우리를 선하게 인도하시고 실패와 넘어짐 속에서도 성숙하게 하신다.

데이트는 상대를 소유하는 일이 아니라, 함께 성장하는 길이다. 서로를 존중하며, 하나님이 주신 가치로 바라보고, 사랑을 훈련하는 기회가 된다면, 그것은 이미 하나님의 뜻을 이루는 과정이다. 감정은 잠시지만, 신앙의 기초 위에 세운 사랑은 흔들리지 않는다. 여러분의 만남이 단순한 인연을 넘어서 하나님 나라를 세워 가는 시작이 되기를 바란다.

006

Date   .   .

하나님과 함께하는 데이트

말씀 | 누가복음 24:13-17

13 그 날에 그들 중 둘이 예루살렘에서 이십오 리 되는 엠마오라 하는 마을로 가면서 14 이 모든 된 일을 서로 이야기하더라 15 그들이 서로 이야기하며 문의할 때에 예수께서 가까이 이르러 그들과 동행하시나 16 그들의 눈이 가리어져서 그인 줄 알아보지 못하거늘 17 예수께서 이르시되 너희가 길 가면서 서로 주고받고 하는 이야기가 무엇이냐 하시니 두 사람이 슬픈 빛을 띠고 머물러 서더라

묵상을 위한 질문

1. 엠마오로 가는 세사름과 함께 동행하신 분은 누구였나요?

2. 오늘 본문 뒤에 나오는 이야기를 찾아 읽어 보세요. 예수님의 동행은 그들에게 어떤 의미가 되었나요?

적용

두 사람의 만남에서 예수님이 함께하신다는 사실이 오히려 부담스럽게 느껴졌던 적이 있나요? 그때는 어떤 마음이 들었고, 그렇게 느낀 이유는 무엇인지 함께 나누어 보세요.

기도

사랑의 하나님, 때로는 우리의 죄성으로 주님이 부담스럽게 느껴질 때가 있었습니다. 그런 우리를 여전히 사랑하시고 함께하시니 감사합니다. 점점 더 주님을 더 깊이 알아 가고, 그만큼 서로를 이해하며 배려하게 해 주세요. 예수님의 이름으로 기도합니다. 아멘.

메시지

많은 그리스도인이 오해하는 부분이 있습니다. 주님은 기도할 때만 계시고 그 외의 삶의 자리에서는 계시지 않는다고 생각하는 것입니다. 그러나 시편 기자는 새벽 날개 치며 바다 끝에 거해도, 거기에서도 주님이 우리를 인도하신다고 말합니다.

흔히 우리는 사람들과의 관계성을 '너'와 '나'라는 직선 구도로 이해합니다. 그러나 성경적인 관계성은 '너'와 '나' 그리고 '하나님'의 삼각형 구도입니다.

즉, 모든 관계성에는 하나님이 함께 계십니다. 상대방에게 베풀고 행하는 모든 행위와 의식이 하나님 앞에서 행해지는 것입니다. 두 사람의 교제가 깊어질수록 하나님을 아는 지식이 깊어지고, 그분과의 거리가 점점 가까워집니다. 그러나 마음에 죄악을 품고 있다면, 그 관계성에서 하나님이 마치 걸림돌처럼 부담스럽게 여겨집니다.

하나님은 우리의 행복을 원하시는 분이지 훼방하시는 분이 아닙니다. 그리스도인들의 바른 교제와 만남의 목적은 하나님을 더 깊이 알아 가는 데 있습니다. 하나님과 두 사람이 이루는 삼각형이 작아지는 것입니다. 그래서 하나님을 더 깊이 아는 만큼 서로 더 깊이 이해하고 배려하게 됩니다.

예수님은 근심에 싸인 채 엠마오로 가던 제자들에게 나타나셨지만, 그들은 주님을 알아보지 못했습니다. 우리도 때로는 주님의 임재를 깨닫지 못합니다. 하지만 주님은 언제나 우리와 함께하십니다. ♥

… Date   .   .

007
만남과 성숙

말씀 | 잠언 27:17-22

17 철이 철을 날카롭게 하는 것 같이 사람이 그의 친구의 얼굴을 빛나게 하느니라 **18** 무화과나무를 지키는 자는 그 과실을 먹고 자기 주인에게 시중드는 자는 영화를 얻느니라 **19** 물에 비치면 얼굴이 서로 같은 것 같이 사람의 마음도 서로 비치느니라 **20** 스올과 아바돈은 만족함이 없고 사람의 눈도 만족함이 없느니라 **21** 도가니로 은을, 풀무로 금을, 칭찬으로 사람을 단련하느니라 **22** 미련한 자를 곡물과 함께 절구에 넣고 공이로 찧을지라도 그의 미련은 벗겨지지 아니하느니라

묵상을 위한 질문

1. 좋은 만남은 무엇인가요? 말씀을 읽고 정의해 보세요.

2. 무엇이 사람을 연단하나요? (21절)

적용

형제/자매와의 만남을 통해 내가 성숙해진 부분이 있나요? 구체적으로 어떻게 달라졌는지 함께 나누어 보세요. 또 우리의 관계가 하나님 안에서 좋은 만남인지 돌아보고, 어떻게 성장할 수 있을지 이야기해 보세요.

기도

사랑의 하나님, 우리의 만남을 주장하심에 감사합니다. 우리의 평생에 좋은 사람들과 좋은 만남을 가지게 해 주세요. 좋은 지도자, 좋은 친구, 좋은 동역자들을 보내 주시고 또한 우리가 그들에게 좋은 사람이 되게 해 주세요. 예수님의 이름으로 기도합니다. 아멘.

메시지

우리는 살아가는 동안 수많은 만남을 통해 관계성 안에서 자라납니다. 그러나 모든 만남이 다 같은 만남은 아닙니다. 어떤 만남은 인생의 불행과 좌절을 경험하게 합니다. 또 어떤 만남은 서로에게 유익을 주며 함께 성장하는 관계로 이어집니다. 오늘 본문에는 철이 철을 날카롭게 하듯 사람이 그 친구의 얼굴을 빛낸다고 했습니다.

철을 더 날카롭게 만드는 것은 철입니다. 이처럼 좋은 친구는 친구들의 인격과 생활의 발전에 도움을 줍니다. 따라서 우리는 좋은 스승과 친구, 그리고 믿음의 동역자를 허락해 달라고 기도해야 합니다. 그런 만남을 통해 서로를 세워 주고, 신앙과 삶이 더욱 성숙해지기 때문입니다.

특히 그리스도인들의 교제와 만남은 서로에게 인격적인 발전과 신앙의 유익으로 이어져야 합니다. 그 사람을 만날수록 세속적인 즐거움만 추구하게 된다면, 우리가 가고 있는 길을 다시 생각해 봐야 합니다.

그리스도 안에서의 좋은 만남은 서로에게 힘이 되고 하나님을 더 깊이 알게 합니다. 이런 만남은 서로를 인격적·신앙적으로 성장하게 하며, 더 나은 의사소통과 이해, 그리고 존중을 배우게 합니다. 또한 서로의 사랑을 주고받으며 마음의 안정감을 느끼게 됩니다.

따라서 우리의 만남은 더 많이 배우고 함께 성장하며, 무엇보다 하나님을 더 깊이 알아 가는 데 유익해야 합니다. 그것이 바로 그리스도 안에서의 좋은 만남입니다.♥

008
거룩하신 하나님

말씀 | 요한계시록 19:6-8
6 또 내가 들으니 허다한 무리의 음성과도 같고 많은 물 소리와도 같고 큰 우렛소리와도 같은 소리로 이르되 할렐루야 주 우리 하나님 곧 전능하신 이가 통치하시도다 **7** 우리가 즐거워하고 크게 기뻐하며 그에게 영광을 돌리세 어린 양의 혼인 기약이 이르렀고 그의 아내가 자신을 준비하였으므로 **8** 그에게 빛나고 깨끗한 세마포 옷을 입도록 허락하셨으니 이 세마포 옷은 성도들의 옳은 행실이로다 하더라

묵상을 위한 질문
1. 이 땅의 예비 된 신부는 누구인가요? (8절)

2. 신부가 입고 있는 세마포는 무엇을 나타내나요? (8절)

적용
형제/자매가 그리스도인의 거룩함과 품위를 지키기 위해 노력하는 모습을 본 적이 있나요? 그런 모습을 통해 배우거나 도전받은 부분이 있다면 함께 나누어 보세요.

기도
사랑의 하나님, 주님을 따르는 우리도 거룩하게 살기를 소망합니다. 세상의 유혹이 찾아올 때 주님의 능력을 의지해 이기게 하시고, 우리의 삶이 주님 안에서 점점 거룩해지도록 인도해 주세요. 예수님의 이름으로 기도합니다. 아멘.

메시지

거룩은 하나님의 성품을 말합니다. 누군가를 알려면 그 사람의 성품을 알아야 하듯, 하나님을 더 깊이 알고 더 가까이 가려면 그분의 거룩함을 알아야 합니다. 하나님이 죄를 벌하시는 이유는 그분의 거룩함 때문입니다. 거룩은 더럽고 부정한 것과는 가까이할 수 없는 상반된 것입니다. 그러므로 하나님을 믿고 따르는 백성이 거룩해야 하는 것은 당연한 이치입니다.

성결하지 않으면 하나님께 나아갈 수 없습니다. 하지만 궁극적인 거룩은 우리 스스로 이룰 수 없습니다. 우리의 거룩은 예수님이 십자가에서 죽으시며 흘리신 보혈과 죄 사함을 통해 이루어집니다. 구원받은 백성인 우리는 이 땅에서 죄와 싸우며 살아가고 있습니다. 그리고 주님 오시는 그날까지 거룩함을 이루어 가야 할 책임이 있습니다.

오늘 본문은 성도들을 어린양의 신부로 표현했습니다. 그리고 그 신부가 입은 세마포는 성도의 거룩한 행실이라고 합니다. 예수님을 맞이하는 신부인 성도들이 해야 할 도리는 거룩한 행실로 깨끗한 세마포를 입는 것입니다. 거룩함이란 단어를 우리 생활에서 찾아본다면 깨끗함, 정결, 순결 등으로 표현될 것입니다.

특히 만남을 가질 때 성적인 부분에서 정결함을 지키는 것은 하나님이 보시기에 아름다운 일입니다. 이전의 모습이 어떠했든, 지금부터 말씀 안에서 다시 정결하게 준비하는 태도가 중요합니다. ♥

009

서로를 보는 눈

말씀 | 빌립보서 2:1-5

1 그러므로 그리스도 안에 무슨 권면이나 사랑의 무슨 위로나 성령의 무슨 교제나 긍휼이나 자비가 있거든 2 마음을 같이하여 같은 사랑을 가지고 뜻을 합하며 한마음을 품어 3 아무 일에든지 다툼이나 허영으로 하지 말고 오직 겸손한 마음으로 각각 자기보다 남을 낫게 여기고 4 각각 자기 일을 돌볼뿐더러 또한 각각 다른 사람들의 일을 돌보아 나의 기쁨을 충만하게 하라 5 너희 안에 이 마음을 품으라 곧 그리스도 예수의 마음이니

묵상을 위한 질문

1. 예수님의 마음은 구체적으로 어떤 마음인가요? (3절)

2. 일을 할 때는 어떤 자세로 해야 하나요? (2-3절)

적용

형제/자매가 나를 존중해 준다고 느낀 때는 언제였고, 그렇게 느낀 이유는 무엇인가요? 그리고 어떻게 서로를 존중해 줄 수 있을지 고민하고 실천해 보세요.

기도

사랑의 하나님, 우리를 사랑하시고 존중해 주심에 감사합니다. 예수님의 귀한 사랑을 배우게 하시고 겸손히 서로를 존중하는 삶을 실천하게 도와주세요. 예수님의 이름으로 기도합니다. 아멘.

메시지

사람들 간의 관계가 피곤하고 힘든 이유는 우리 속에 있는 이기적인 욕심 때문입니다. 그 욕심은 남을 배려하기보다는 자신의 편의를 위해 남을 이용하라며 속삭입니다.

그러나 성경은 그렇게 가르치지 않습니다. 하나님의 나라로 가는 길은 좁고 험한 고통의 길입니다. 세상에서 하나님의 말씀대로 산다는 것은 몹시 치열하고 어려운 전투임을 기억해야 합니다.

부부 관계와 가정에서도 죄의 속성은 그대로 나타납니다. 사랑 없이 자신의 유익을 얻는 수단으로 상대를 바라본다면 가정에서 천국의 요소는 사라지고 맙니다. 결국 인간관계를 가장 아름답게 하는 것은 서로에 대한 존중입니다. 이 존중은 자신을 겸손하게 여기며 나보다 남을 더 낫게 여길 때 생깁니다.

죄는 늘 자기중심적으로 모든 사건을 해석하게 합니다. 그러나 성경은 자기보다 남을 더 낫게 여기며 살라고 말합니다. 하나님의 아들이신 주님이 이 땅에 오셔서 인간의 삶을 사시고 십자가에서 죽으신 그 마음은 겸손한 마음이었고, 사람을 사랑하셨기 때문에 가능한 행동이었습니다.

예수님의 마음을 본받고자 할 때, 우리는 겸손해지고 나보다 남을 더 낫게 여기게 됩니다. 진정한 사랑은 겸손에서 나오며, 사람에 대한 존중이 무엇인지 분명히 알게 됩니다. 이처럼 사랑은 서로를 존중할 때 더욱 고귀해집니다. ♥

010

Date   .   .

관계를 아름답게 하는 것

말씀 | 마태복음 18:21-35

21 그 때에 베드로가 나아와 이르되 주여 형제가 내게 죄를 범하면 몇 번이나 용서하여 주리이까 일곱 번까지 하오리이까 22 예수께서 이르시되 네게 이르노니 일곱 번뿐 아니라 일곱 번을 일흔 번까지라도 할지니라 23 그러므로 천국은 그 종들과 결산하려 하던 어떤 임금과 같으니 24 결산할 때에 만 달란트 빚진 자 하나를 데려오매 25 갚을 것이 없는지라 주인이 명하여 그 몸과 아내와 자식들과 모든 소유를 다 팔아 갚게 하라 하니 26 그 종이 엎드려 절하며 이르되 내게 참으소서 다 갚으리이다 하거늘 27 그 종의 주인이 불쌍히 여겨 놓아 보내며 그 빚을 탕감하여 주었더니 28 그 종이 나가서 자기에게 백 데나리온 빚진 동료 한 사람을 만나 붙들어 목을 잡고 이르되 빚을 갚으라 하매 29 그 동료가 엎드려 간구하여 이르되 나에게 참아 주소서 갚으리이다 하되 30 허락하지 아니하고 이에 가서 그가 빚을 갚도록 옥에 가두거늘 31 그 동료들이 그것을 보고 몹시 딱하게 여겨 주인에게 가서 그 일을 다 알리니 32 이에 주인이 그를 불러다가 말하되 악한 종아 네가 빌기에 내가 네 빚을 전부 탕감하여 주었거늘 33 내가 너를 불쌍히 여김과 같이 너도 네 동료를 불쌍히 여김이 마땅하지 아니하냐 하고 34 주인이 노하여 그 빚을 다 갚도록 그를 옥졸들에게 넘기니라 35 너희가 각각 마음으로부터 형제를 용서하지 아니하면 나의 하늘 아버지께서도 너희에게 이와 같이 하시리라

묵상을 위한 질문

1. 하나님은 어떤 자를 용서하지 않으시나요? (35절)

2. 우리가 용서해야 하는 이유는 무엇인가요?

적용

내가 용서받은 경험과 용서하지 못한 경험을 돌아보며, 앞으로 어떻게 관계를 이어 가며 사랑을 실천할 수 있을지 함께 나누어 보세요.

기도

사랑의 하나님, 우리를 용서하신 주님을 찬양합니다. 주님의 용서를 기억하며 서로 용서하게 해 주세요. 예수님의 이름으로 기도합니다. 아멘.

메시지

그리스도인의 가정에는 이해와 용서가 필요합니다. 이해와 용서는 가정을 더욱 아름답게 하며, 관계를 성숙하게 만듭니다. 이는 결국 '의사소통'의 문제이기도 합니다. 의사소통은 평생 배워야 할 중요한 기술이며, 특히 가족 간에는 더욱 그렇습니다.

올바른 의사소통의 기본은 많이 그리고 잘 듣는 훈련에 있습니다. 우리가 상대방을 이해하지 못하는 가장 큰 원인은 잘 듣지 않기 때문입니다. 듣지 않는 이유는 자기중심적인 사고와 선입견 때문이며, 이는 의사소통에 큰 방해가 됩니다. 교제하는 동안 계속 잘 듣고 상황을 이해하는 훈련을 해야 합니다. 그리고 용서를 배워야 합니다.

사람들은 자신에게는 관대하면서 타인의 실수에는 아주 냉정합니다. 성숙한 그리스도인은 용서가 무엇인지를 아는 사람입니다. 우리가 용서해야 하는 이유는 예수님이 우리를 용서하셨기 때문입니다. 예수님의 용서를 생각하면, 우리가 하지 못할 용서는 없습니다. 용서하기 어려울 때 나를 용서하신 예수님을 묵상해 보세요.

우리가 용서해야 하는 또 다른 이유는 나 자신도 똑같은 잘못을 저지르고 있기 때문입니다. 내가 다른 사람을 용서하는 데 인색하면, 하나님도 나에게 이와 같이 하실 것입니다. 서로가 용서하면 사랑이 커집니다. 그리고 그 관계는 더욱 아름답게 발전할 것입니다. 용서는 사랑의 실천입니다.♥

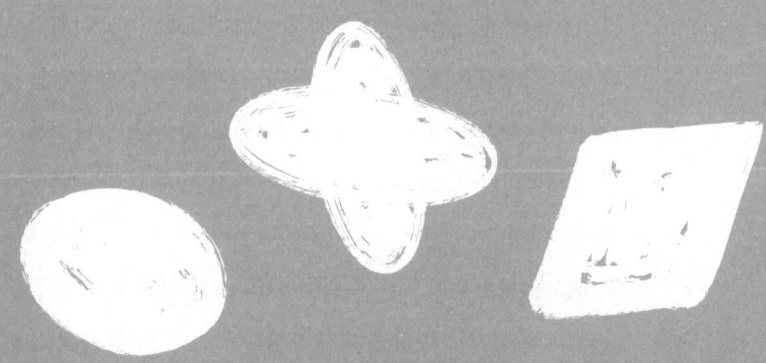

의사소통

Letter. 신뢰 위에 세워지는 대화

대화는 단순히 말을 주고받는 것이 아니다. 진정한 대화는 마음을 열고 진심을 나누는 정서적 교류의 과정이다. 그러나 많은 대화가 말만 오가고, 마음은 어긋난 채 끝난다. 그 이유는 말하는 사람의 인격과 그 관계 속에 형성된 신뢰에 있다.

어떤 말을 하느냐보다, 누가 말하느냐가 더 중요할 때가 많다. 말의 진정성은 말 자체보다 태도와 평소의 삶에서 느껴진다. 신뢰가 없는 관계에서는 옳은 말조차 불편하게 들리지만, 신뢰가 있는 관계에서는 조금 서툰 말도 받아들여진다.

우리는 건강한 대화를 위해 먼저 말의 태도를 돌아봐야 한다. 익숙한 관계일수록 말투가 무례해지기 쉽다. 그럴수록 차분하고 정중한 언어를 의식적으로 선택할 필요가 있다. 또한 진정한 대화를 원한다면 잘 듣는 사람이 되어야 한다.

감정을 조절하는 것도 중요하다. 말은 사실만이 아니라 감정도 함께 전달된다. 분노나 상처가 실린 말은 진의를 왜곡시키고, 상대를 방어적으로 만든다. 이럴 때는 말을 멈추는 용기가 필요하다. 침묵은 감정을 흘려보내고 다시 시작할 수 있는 여백이 된다.

결국 대화는 기술이 아니라 인격과 삶의 열매다. 존중과 이해, 진심과 신뢰가 먼저일 때, 우리의 말은 마음을 이어 주는 다리가 된다.

011

Date . .

언어는 인격

말씀 | 야고보서 1:26-27

26 누구든지 스스로 경건하다 생각하며 자기 혀를 재갈 물리지 아니하고 자기 마음을 속이면 이 사람의 경건은 헛것이라 **27** 하나님 아버지 앞에서 정결하고 더러움이 없는 경건은 곧 고아와 과부를 그 환난중에 돌보고 또 자기를 지켜 세속에 물들지 아니하는 그것이니라

묵상을 위한 질문

1. 참된 경건은 무엇인가요?

2. 혀를 재갈 물린다는 의미는 무엇인가요? (26절)

적용

나의 언어 습관을 돌아보며 경건하지 못한 모습이 있었는지 생각해 보세요. 그리고 고쳐야 할 점이나 새롭게 길러야 할 말의 습관에 대해 함께 나누어 보세요.

기도

사랑의 하나님, 우리의 혀를 지켜 주셔서 예수님을 찬양하며 이웃에게 덕이 되는 말을 하게 해 주세요. 그리고 상대방과 대화할 때나 일상 생활에서 언어의 경건에 힘쓰도록 도와주세요. 말 한마디에도 예수님의 성품이 드러나게 해 주세요. 예수님의 이름으로 기도합니다. 아멘.

메시지

언어에는 함축적인 의미가 담겨 있습니다. 한 민족이 쓰는 언어를 살펴보면 그 민족의 정신과 생활 양식을 알 수 있듯이, 언어에는 문화가 녹아 있습니다. 그러므로 언어는 단순히 의사전달을 위한 매개체를 넘어선 종합적이고 복합적인 요소로 구성되어 있습니다.

각 사람의 말에는 그 사람의 인격이 담겨 있습니다. 한 사람이 하는 말은 그가 어떤 생각을 가지고 있으며 어떤 문화에서 살고 있는지를 잘 보여 줍니다.

그리스도인들의 성화가 예수님의 성품을 닮아 가는 것이라면, 우리 삶에서 가장 먼저 나타나는 변화는 언어의 변화일 것입니다. 이는 종교적인 단어를 많이 사용한다는 의미가 아닙니다.

야고보서는 행함이 있는 믿음에 대해 많은 부분을 기록하고 있으며, 행함이 없는 믿음은 죽은 믿음이라고 말합니다. 또한 오늘 본문은 참된 경건이 무엇인지 잘 보여 줍니다. 참된 경건은 절제된 언어 생활에서 옵니다. 자기 혀를 재갈 물리지 않으면 그 경건은 헛것이라고 했습니다. 즉, 자기 입에서 나오는 부정적인 언어 습관과 저주의 발언들을 제어하지 못한 채 분을 쏟아 낸다면 그 경건은 헛것입니다.

경건의 첫 번째 요소는 언어의 절제에 있습니다. 언어는 습관이며 인격입니다. 이것은 하루아침에 이루어지지 않습니다. 따라서 우리는 말씀을 묵상하며 계속 자신을 다듬어 가야 합니다. ♥

012
경청은 훈련

Date   .   .

말씀 | 잠언 18:12-15

12 사람의 마음의 교만은 멸망의 선봉이요 겸손은 존귀의 길잡이니라 **13** 사연을 듣기 전에 대답하는 자는 미련하여 욕을 당하느니라 **14** 사람의 심령은 그의 병을 능히 이기려니와 심령이 상하면 그것을 누가 일으키겠느냐 **15** 명철한 자의 마음은 지식을 얻고 지혜로운 자의 귀는 지식을 구하느니라

묵상을 위한 질문

1. 듣기 전에 대답하는 자는 어떻다고 했나요? (13절)

2. 경청하는 것과 겸손은 어떤 관련이 있나요?

적용

나는 경청을 잘하는 사람인가요? 형제/자매와의 관계에서 서로의 말을 잘 들어주고 있는지 솔직하게 자신을 돌아보고, 어떤 변화가 필요한지 함께 나누어 보세요.

기도

사랑의 하나님, 우리에게 언어를 주시니 감사합니다. 우리를 겸손하게 하사 다른 사람의 말에 귀 기울여 경청할 수 있게 도와주세요. 특히 하나님의 음성에 민감하게 반응하도록 도와주세요. 예수님의 이름으로 기도합니다. 아멘.

메시지

어린아이들이 하는 대화를 들어 본 적이 있나요? 한 아이가 말합니다. "우리 집에 냉장고 있다." 그러면 다른 아이는 "우리 집에는 텔레비전이 있다"라고 말합니다. 이들은 대화를 하는 것이 아니라 단순히 자기의 정보를 전하고 있을 뿐입니다. 그런데 이런 문제는 아이들뿐만 아니라 성인들에게도 동일하게 나타납니다. 이처럼 잘못된 대화 습관은 의사소통을 어렵게 만듭니다.

대화는 상호적입니다. 그리고 대화의 기본은 바르게 듣는 것으로부터 시작합니다. 즉 한쪽이 일방적으로 말을 하는 것이 아니라, 주고받는 과정이 필요합니다.

오늘 본문은 대화에서 경청이 얼마나 중요한지를 보여 줍니다. 듣기 전에 대답하는 자는 욕을 당하게 된다고 했습니다. 다시 말해 상대방의 말을 정확하게 파악하지 못한 채, 자신의 주관적인 느낌으로 답을 하는 사람들은 많은 어려움을 겪게 됩니다.

또한 성경은 잘 듣지 않는 태도가 교만에서 온다고 지적합니다. 은연중에 상대를 낮게 여기는 태도가 그 사람의 말에 경청하지 않는 모습으로 나타납니다. 이러한 태도는 늘 의사소통에 어려움을 가져오며, 더 심해지면 가정불화의 원인이 되기도 합니다.

서로의 말을 경청하며 이해하려는 노력을 계속해 보세요. 바른 대화의 첫걸음은 바른 경청에서 비롯됩니다.♥

013
치료하는 혀

말씀 | 잠언 15:1-4

1 유순한 대답은 분노를 쉬게 하여도 과격한 말은 노를 격동하느니라 2 지혜 있는 자의 혀는 지식을 선히 베풀고 미련한 자의 입은 미련한 것을 쏟느니라 3 여호와의 눈은 어디서든지 악인과 선인을 감찰하시느니라 4 온순한 혀는 곧 생명 나무이지만 패역한 혀는 마음을 상하게 하느니라

묵상을 위한 질문

1. 유순한 대답은 어떤 결과를 가져오나요?

2. 하나님은 무엇을 감찰하시나요?

적용

형제/자매가 낙심하거나 힘들어할 때, 어떤 말로 위로할 수 있을지 생각해 보세요. 그리고 내가 어떤 말에 위로를 받는지 나누며 서로를 더 깊이 이해하는 시간을 가져 보세요.

기도

사랑의 하나님, 우리를 감찰하시는 주님을 찬양합니다. 우리에게 지혜를 주사 사람들을 돕고 치료하는 일에 우리의 혀를 사용하게 도와주세요. 성령님이 우리의 언어 생활을 주관해 주시고 많은 사람을 격려하며 돕는 입술이 되게 해 주세요. 예수님의 이름으로 기도합니다. 아멘.

메시지

우리 속담에 "말 한마디에 천 냥 빚도 갚는다"라는 말이 있습니다. 좋은 말 한마디가 큰 빚도 갚을 만큼의 가치를 가진다는 의미입니다. 이처럼 말에는 힘이 있으며, 사람을 죽이기도 하고 살리기도 합니다.

"온순한 혀"는 "생명 나무"입니다. 여기에 나오는 온순한 혀의 원어적인 의미는 '남을 돕고 치료하는 혀'라는 뜻입니다. 즉, 위로하고 용기를 주며 다른 사람의 아픔을 치료하는 혀를 의미합니다. 그러나 "패역한 혀"는 마음을 상하게 합니다. 이는 온순한 혀와는 반대로 파괴적이며 저주적인 언어를 말합니다. 사람을 향한 욕설이나 언어적인 학대 등이 여기에 해당합니다.

언어는 인격이며 훈련입니다. 우리가 공격적이고 거친 언어를 줄이고 남을 돕고 치료하는 언어를 사용한다면, 관계는 더욱 아름다워질 것입니다.

상처받은 영혼들을 치료하는 말로서 가장 큰 힘이 있는 것은 하나님의 말씀입니다. 우리가 경우에 합당한 하나님의 말씀으로 잘 권면한다면, 실의에 빠진 사람들이 그분께서 주시는 힘으로 다시 일어날 것입니다. 그러므로 우리는 신실하신 하나님의 말씀을 더 깊이 배워야 합니다.

주의 말씀은 영혼을 소생케 하는 능력이 있습니다. 따라서 나의 입술의 모든 말이 주께 열납되기를 원한다는 시편 기자처럼 우리의 언어를 점검해야 합니다.♥

014
칭찬과 격려

Date   .   .

말씀 | 히브리서 10:19-25

19 그러므로 형제들아 우리가 예수의 피를 힘입어 성소에 들어갈 담력을 얻었나니 **20** 그 길은 우리를 위하여 휘장 가운데로 열어 놓으신 새로운 살 길이요 휘장은 곧 그의 육체니라 **21** 또 하나님의 집 다스리는 큰 제사장이 계시매 **22** 우리가 마음에 뿌림을 받아 악한 양심으로부터 벗어나고 몸은 맑은 물로 씻음을 받았으니 참 마음과 온전한 믿음으로 하나님께 나아가자 **23** 또 약속하신 이는 미쁘시니 우리가 믿는 도리의 소망을 움직이지 말며 굳게 잡고 **24** 서로 돌아보아 사랑과 선행을 격려하며 **25** 모이기를 폐하는 어떤 사람들의 습관과 같이 하지 말고 오직 권하여 그 날이 가까움을 볼수록 더욱 그리하자

묵상을 위한 질문

1. 우리는 무엇을 격려해야 할까요? 그리고 어떤 일에 열심을 내야 할까요? (24-25절)

2. 구원받은 백성들은 어떤 자세로 하나님께 나아가야 할까요? (22절)

적용

형제/자매가 잘한 일이나 노력한 부분에 대해 칭찬과 격려의 말을 전해 보세요.

기도

사랑의 하나님, 우리가 서로를 격려하며 함께 주의 일에 더욱 힘쓰는 관계가 되게 해 주세요. 그리고 우리의 입술이 주님의 선한 도구로 사용되게 해 주세요. 예수님의 이름으로 기도합니다. 아멘.

메시지

사람의 행동을 바꾸는 데는 두 가지 방법이 있습니다. 하나는 책망하는 방법으로, 부정적인 행동을 할 때 그 행동을 못하게 하는 방법입니다. 다른 하나는 칭찬하는 방법으로 잘할 때 더 긍정적으로 행동하게 하는 것입니다.

사람은 인정받을 때 같은 행동을 반복합니다. 즉, 칭찬이나 보상이 주어지면 그 행동을 계속하게 됩니다. 그래서 책망보다 칭찬과 격려가 사람의 행동을 긍정적으로 변화시키는 데 더 큰 영향을 미칩니다.

일반적으로 사람들이 원하는 보상은 물질적인 것이 아니라 사랑과 인정입니다. 이러한 인정은 대부분 말과 행동을 통해 드러납니다. 누군가에게 인정받고 있다고 느낄 때, 자존감이 높아지고 긍정적인 자아상을 갖게 됩니다. 그러므로 칭찬은 단순한 말 이상의 힘을 가진, 관계를 세우는 언어입니다.

칭찬과 격려는 훈련을 통해 배울 수 있습니다. 칭찬은 꼭 아랫사람에게만 하는 것이 아닙니다. 우리는 어떤 관계에서든 서로를 인정하고 격려하며 용기를 북돋아 줄 수 있습니다. 실의에 빠진 사람에게 주는 격려도 일종의 칭찬입니다.

성경 인물 중 바나바(번역하면 위로의 아들)는 위로와 격려를 하는 데 탁월한 은사가 있었습니다. 우리의 언어도 바나바처럼 잘하는 일을 더 잘하도록 격려하고 칭찬하는 선한 도구로 쓰이기를 바랍니다. ♥

015
하나님을 향한 언어

말씀 | 민수기 14:4-10

4 이에 서로 말하되 우리가 한 지휘관을 세우고 애굽으로 돌아가자 하매 5 모세와 아론이 이스라엘 자손의 온 회중 앞에서 엎드린지라 6 그 땅을 정탐한 자 중 눈의 아들 여호수아와 여분네의 아들 갈렙이 자기들의 옷을 찢고 7 이스라엘 자손의 온 회중에게 말하여 이르되 우리가 두루 다니며 정탐한 땅은 심히 아름다운 땅이라 8 여호와께서 우리를 기뻐하시면 우리를 그 땅으로 인도하여 들이시고 그 땅을 우리에게 주시리라 이는 과연 젖과 꿀이 흐르는 땅이니라 9 다만 여호와를 거역하지는 말라 또 그 땅 백성을 두려워하지 말라 그들은 우리의 먹이라 그들의 보호자는 그들에게서 떠났고 여호와는 우리와 함께 하시느니라 그들을 두려워하지 말라 하나 10 온 회중이 그들을 돌로 치려 하는데 그 때에 여호와의 영광이 회막에서 이스라엘 모든 자손에게 나타나시니라

묵상을 위한 질문

1. 이스라엘 백성이 한 말이 무엇인지 성경에서 찾아보세요. (민 14:2)

2. 이에 대한 하나님의 답변은 무엇인가요? (민 14:28)

적용

나의 언어 생활은 어떠한가요? 나의 말 속에 부정적인 표현, 특히 하나님을 향한 불평이 있다면, 감사와 믿음의 고백으로 바꾸어 말해 보세요.

기도

사랑의 하나님, 우리의 기도를 들어주시니 감사합니다. 환경으로 인해 어려움을 느낄 때 하나님을 원망하거나 불평하는 잘못을 범하지 않게 해 주시고, 여호수아와 갈렙처럼 믿음의 눈으로 보며 믿음으로 말하게 해 주세요. 예수님의 이름으로 기도합니다. 아멘.

메시지

오늘 본문은 우리가 하나님 앞에서 어떤 언어 생활을 해야 하는지를 가장 잘 보여 줍니다. 이스라엘 백성들은 모세의 인도로 속박의 땅 애굽에서 나왔습니다. 출애굽을 한 60만 명 중에 가나안까지 가지 못하고 광야에서 죽게 되리라고 예상한 사람은 아무도 없었습니다. 만일 그런 생각이 있었다면 출발하지도 않았을 것입니다.

그런데 모진 모래바람과 열악한 환경은 그들을 낙담하게 했고, 그들의 입에서는 불평의 소리가 흘러나왔습니다. 그들은 하나님과 지도자를 향해 "우리가 여기서 죽겠다"라고 말하며, 자신의 삶을 한탄하고 불평했습니다. 그들의 말은 진심이 아니었지만, 그 불평을 하나님께서 들으셨습니다.

오랫동안 반복된 불평을 들으신 하나님은 이렇게 말씀하셨습니다. "네 입에서 나온 그대로 행하겠다." 이처럼 언어에는 무서운 힘이 있습니다. 하나님께서 그렇게 하셨기 때문입니다. 따라서 늘 긍정적으로 말하는 연습을 해야 합니다. 여호수아와 갈렙은 긍정적인 언어로 말했고, 그 입술의 열매를 얻었습니다.

환경을 보지 말고 믿음으로 미래를 바라보며 긍정적으로 말하는 습관을 길러 보세요. 지금 내가 처한 환경이 어렵더라도 이스라엘 백성처럼 말하지 말고, 하나님이 함께하심을 믿으며 감사하는 말을 해 보세요. 하나님은 우리 입술의 말을 들으시며, 그 믿음의 고백에 응답하십니다. ♥

016

잘못을 시인하라

말씀 | 사무엘하 12:13-15

13 다윗이 나단에게 이르되 내가 여호와께 죄를 범하였노라 하매 나단이 다윗에게 말하되 여호와께서도 당신의 죄를 사하셨나니 당신이 죽지 아니하려니와 **14** 이 일로 말미암아 여호와의 원수가 크게 비방할 거리를 얻게 하였으니 당신이 낳은 아이가 반드시 죽으리이다 하고 **15** 나단이 자기 집으로 돌아가니라

묵상을 위한 질문

1. 시편 51편을 읽어 보세요. 다윗이 언제 지은 시였나요?

2. 다윗이 범죄함으로 당하게 될 시련은 무엇인가요? (삼하 12장 참조)

적용

나는 어떤 경우에 실수를 인정하지 않으려 하나요? 형제/자매와의 관계에서 있었던 실수를 솔직히 인정하고, 앞으로 어떤 마음과 태도를 가져야 할지 함께 나누어 보세요.

기도

사랑의 하나님, 가까운 사람들이 저에게 충고하거나 감당하기 힘든 말을 할 때 그 말을 겸허하게 받아들이고 잘못된 부분은 진정으로 인정하도록 해 주세요. 그들로 인해 부족한 모습이 더 온전해지도록 인도해 주세요. 예수님의 이름으로 기도합니다. 아멘.

메시지

그리스도인은 자신의 죄를 알고 하나님 앞에 그 죄를 고백한 자들입니다. 대화의 방법을 배우려면 먼저 잘못을 인정하는 법을 배워야 합니다. 다윗은 존경받는 신앙인입니다. 그러나 왕이 된 후 그의 모습은 그렇게 모범적이지 않았습니다. 특히 밧세바 사건은 그의 인생에 가장 큰 시련이었습니다. 다윗은 범죄했습니다. 그러나 우리는 여기에서 다윗의 본받을 점을 발견하게 됩니다. 그는 자신의 죄를 인정하고 진심으로 회개하여 하나님 앞에 다시 섰습니다.

권력이 있는 사람들이 잘못을 하면, 많은 경우 은폐를 시도합니다. 물론 다윗도 우리아를 죽임으로써 은폐를 시도했습니다. 그러나 하나님의 사람 앞에서 그는 정직하게 자신을 돌아보았습니다. 자기 잘못을 정직하게 시인한 다윗은 다시금 바른 이정표를 찾게 되었습니다.

우리는 누구나 크고 작은 실수를 합니다. 그러나 이 실수를 인정하지 않을 때, 더 큰 문제가 발생할 수 있음을 기억해야 합니다. 특히 가정 생활에서 정직하게 말하고 잘못된 것을 솔직하게 고백하는 훈련이 필요합니다.

자기 잘못을 시인하는 것은 상대방을 존중하는 태도이며, 바른 언어 생활에 있어서 아주 중요합니다. 우리는 하나님 앞에서 자기 잘못을 있는 그대로 고백해야 합니다. 그리고 가족이나 가까운 사람들이 잘못을 지적할 때도 겸손하게 인정하고 받아들이는 태도를 가져야 합니다. ♥

017
참된 것을 말하라

말씀 | 에베소서 4:25-29

25 그런즉 거짓을 버리고 각각 그 이웃과 더불어 참된 것을 말하라 이는 우리가 서로 지체가 됨이라 **26** 분을 내어도 죄를 짓지 말며 해가 지도록 분을 품지 말고 **27** 마귀에게 틈을 주지 말라 **28** 도둑질하는 자는 다시 도둑질하지 말고 돌이켜 가난한 자에게 구제할 수 있도록 자기 손으로 수고하여 선한 일을 하라 **29** 무릇 더러운 말은 너희 입 밖에도 내지 말고 오직 덕을 세우는 데 소용되는 대로 선한 말을 하여 듣는 자들에게 은혜를 끼치게 하라

묵상을 위한 질문

1. 에베소서 4장을 읽어 보세요. 그리고 옛 생활과 새 생활을 구분해 보세요.

2. 더러운 말에 대해 성경은 무엇을 교훈하고 있나요? (29절)

적용

자주 사용하는 부적절한 말들(더러운 말이나 저속한 농담, 남을 비방하는 말 등)은 어떤 것들이 있는지 살펴보고, 각자의 언어 생활을 점검하며 정직하게 고백해 보세요.

기도

사랑의 하나님, 거짓과 더러운 말을 버리고, 언제나 정직하고 참된 말을 하게 해 주세요. 그리하여 그리스도인의 신분에 맞는 거룩한 언어 생활을 하게 해 주세요. 예수님의 이름으로 기도합니다. 아멘.

메시지

오늘 말씀에는 옛 생활과 새 생활에 대한 비교가 나옵니다. 옛 생활은 예수 그리스도를 알기 전의 특징들로 무지, 허망함, 속임수, 불순함, 욕심 등이 나타납니다. 그러나 이제 그리스도 안에서 새로운 피조물로 거듭난 그리스도인들은 거룩함과 의로움을 통한 새로운 삶을 살아야 합니다.

여기서는 새로운 삶 중에 가장 먼저 언어 생활에 대해 언급하고 있습니다. 우리의 입술에서 거짓을 버려야 합니다. 이 거짓은 진리를 떠난 행위입니다. 그리고 이웃에게 참된 것을 말해야 합니다. 이웃에게 정직하고 진실하게 말하는 것은 새 생활을 하는 그리스도인의 의무입니다.

그러므로 정직하게 말하는 습관을 길러 보세요. 모든 사람에게 정직하게 말해야 함은 물론이며, 특히 부부 사이에 솔직하게 말하는 태도가 필요합니다. 어쩔 수 없이 선의의 거짓말을 하게 될 수도 있습니다. 하지만 이러한 경우가 아니라면, 동기가 불순한 거짓말은 절대 피해야 합니다.

그뿐 아니라 더러운 말은 입 밖에도 내지 말아야 합니다. 그리스도인들은 더럽고 저속한 농담을 해서도 안 됩니다. 혹시 그런 말이 떠오른다면, 말을 아끼는 편이 낫습니다.

더러운 언어를 자주 사용하면 결국 생각이 병들어 행동까지 병들게 됩니다. 상투적인 욕설이나 습관화된 가벼운 언어를 버리고, 그리스도 안에서 거룩한 언어 생활을 위해 기도하며 노력해 보세요. ♥

018
웃음은 명약

말씀 | 시편 126편

1 여호와께서 시온의 포로를 돌려 보내실 때에 우리는 꿈꾸는 것 같았도다 2 그 때에 우리 입에는 웃음이 가득하고 우리 혀에는 찬양이 찼었도다 그 때에 뭇 나라 가운데에서 말하기를 여호와께서 그들을 위하여 큰 일을 행하셨다 하였도다 3 여호와께서 우리를 위하여 큰 일을 행하셨으니 우리는 기쁘도다 4 여호와여 우리의 포로를 남방 시내들 같이 돌려 보내소서 5 눈물을 흘리며 씨를 뿌리는 자는 기쁨으로 거두리로다 6 울며 씨를 뿌리러 나가는 자는 반드시 기쁨으로 그 곡식 단을 가지고 돌아오리로다

묵상을 위한 질문

1. 하나님은 어떤 일로 백성의 입에 웃음을 주셨나요?

2. 우리가 사용하는 유머 중에 경건치 못하거나 덕이 되지 않는 것들이 있나요?

적용

형제/자매와 함께 웃을 수 있는 건강한 유머를 준비해 보세요. 그리고 서로를 웃게 해 주며 즐겁게 교제하는 시간을 가져 보세요.

기도

사랑의 하나님, 우리에게 웃음을 주시니 감사합니다. 우리의 삶에서 하나님으로 인해 웃으며 기뻐할 수 있는 날들이 더욱 많아지게 해 주세요. 건강한 유머로 주변 사람들을 웃게 해 주는 사람이 되도록 인도해 주세요. 예수님의 이름으로 기도합니다. 아멘.

메시지

미국 스탠퍼드대학교의 프라이 박사(웃음 연구의 선구자)는 웃음과 건강의 관계를 규명했습니다. 그는 웃음이 주는 생리적인 효과를 네 가지로 설명했습니다.

첫째, 자연 진통의 효과가 있습니다. 웃을 때 뇌하수체에서 엔돌핀과 같은 자연 진통제가 분비되어 고통을 줄여 줍니다. 둘째, 혈액순환이 잘 되게 해서 혈압을 낮추는 기능을 합니다. 셋째, 스트레스와 분노 그리고 긴장을 완화합니다. 넷째, 면역력을 높여 줌으로써 질병을 치료합니다.

이처럼 웃음은 육체의 건강뿐 아니라 마음에도 유익을 주는 하나님의 선물입니다. 우리의 마음에 기쁨이 있을 때, 그 기쁨이 웃음으로 표현됩니다.

적당한 유머는 삶에 활력소를 주며 하나님께서 주신 복을 누리게 합니다. 또한 대화를 부드럽게 하며 관계를 회복시킵니다. 어떤 학자는 예수님께서 쓰신 비유나 예화가 당시에는 해학적이며 유머 있는 표현들이었다고 말합니다.

그리스도인들은 유머를 사용할 줄 아는 여유가 있어야 합니다. 그러나 남을 웃기고 즐겁게 하기 위해 음란한 농담을 하거나 비하하는 발언을 하는 것은 잘못된 행동입니다. 이는 경건에 방해가 되며 이웃을 학대하는 죄입니다. 품위 있고 적절한 유머를 사용하는 것도 그리스도인의 언어 생활의 한 부분입니다. 밝고 건강한 유머로 서로를 웃게 해 보세요. ♥

사랑

Letter. 사랑은 서로의 삶을 세워 주는 힘

사랑은 함께 웃을 때보다, 함께 버텨 줄 때 더 깊어진다. 사랑을 설렘이나 감정으로만 여긴다면, 비바람이 불 때 흔들릴 수 있다. 하지만 진짜 사랑은 그때 더 깊고 단단해진다.

인생에는 누구나 비바람 치는 계절이 온다. 아무리 성숙한 관계도 예기치 않은 태풍 앞에서는 흔들릴 수밖에 없다. 바로 그때 필요한 것이 버팀목으로서의 사랑이다.

사랑은 때로 말없이 옆에 있어 주는 것이다. 상대가 지쳐 있을 때, 이유 없는 침묵 속에서 흔들리고 있을 때, 스스로 설 힘이 없을 때… 말없이 손을 내밀어 주는 것, 그저 곁에 있어 주는 것만으로도 버팀목이 된다.

우리는 종종 '나도 힘든데 어떻게 상대방을 도와줄 수 있을까?'라고 생각한다. 그러나 누군가의 버팀목이 된다는 것은 대단한 일을 해 주는 것이 아니다. 진심 어린 지지와 다정한 말 한마디, 함께 흘린 눈물, 놓지 않는 손 하나가 상대방에게는 든든한 기둥이 될 수 있다. 사랑은 거창하지 않아도 된다. 작고 소박해도 된다. 중요한 것은 '그 자리에 있어 주는 것'이다.

사랑은 결국, 다시 일어서게 하는 힘이다. 쓰러질 때 곁에 있어 주고, 포기하지 않고 기다려 주는 마음이다. 사랑은 화려한 감정보다, 서로를 세워 주는 믿음과 기다림 속에서 더욱 단단해진다. 그것이 서로의 삶을 세워 주는 가장 위대한 힘이다.

019

사랑은 오래 참고

말씀 | 고린도전서 13:4-7

4 사랑은 오래 참고 사랑은 온유하며 시기하지 아니하며 사랑은 자랑하지 아니하며 교만하지 아니하며 **5** 무례히 행하지 아니하며 자기의 유익을 구하지 아니하며 성내지 아니하며 악한 것을 생각하지 아니하며 **6** 불의를 기뻐하지 아니하며 진리와 함께 기뻐하고 **7** 모든 것을 참으며 모든 것을 믿으며 모든 것을 바라며 모든 것을 견디느니라

묵상을 위한 질문

1. 예수님은 어떤 상황까지 참으라고 하셨나요? (눅 22:51 참조)

2. 하나님은 나를 구원하시기까지 얼마나 참으셨나요?

적용

형제/자매와의 관계에서 오래 참지 못했던 순간은 언제였나요? 그 경험을 돌아보며, 앞으로는 어떻게 사랑으로 인내할 수 있을지 함께 나누어 보세요.

기도

사랑의 하나님, 우리를 구원하기 위해 오래 참으심에 감사합니다. 죄인들을 참으신 주님의 자비하심으로 우리가 구원을 얻어 영생을 누리게 되었습니다. 주님을 닮은 제자로서 온전히 하나가 되어 인내하는 훈련을 하도록 인도해 주세요. 예수님의 이름으로 기도합니다. 아멘.

메시지

사랑은 한마디로 정의하기가 힘든 단어입니다. 이번에는 성경에서 말하는 사랑의 속성을 통해 참사랑이 무엇인지 배워 보겠습니다. 사랑에 대한 기록 중 가장 먼저 나타나는 속성은 오래 참는 것입니다. 4절의 참는다는 '사람의 관계'에 대해 참는다는 의미이고, 7절의 참는다는 '모든 것을 덮어 준다'는 의미입니다.

우리는 종종 상대방의 미성숙하고 다듬어지지 않은 모습 때문에 상처를 받거나 관계에 어려움을 겪습니다. 그럼에도 사랑은 모든 부족함을 끝까지 참고 견디며, 상대방이 성숙할 때까지 기다려 주는 것입니다. 오늘날 우리는 무엇이든 빨리 이루어지길 바라며, 조금만 늦어도 참지 못할 때가 많습니다. 그러나 사랑을 배우려면 먼저 인내를 배워야 합니다.

우리는 참사랑의 모습을 하나님에게서 찾을 수 있습니다. 하나님은 사랑이시기 때문입니다. 그리고 사랑의 완전한 모습은 고린도전서 13장에 나오는 예수님에게서 찾을 수 있습니다. 하나님이 우리에게 보이신 사랑의 첫 요소는 죄인을 향해 참으심입니다.

히브리서 기자는 "너희가 피곤하여 낙심하지 않기 위하여 죄인들이 이같이 자기에게 거역한 일을 참으신 이를 생각하라"(12:3)고 했습니다. 주님은 심지어 하나님을 거역하고 그분의 아들을 십자가에 못 박은 죄인들까지 참아 주셨습니다. 이런 주님의 긍휼과 자비하심으로 오늘 우리가 이 땅에서 평안을 누리는 것입니다. ♥

020
사랑은 온유하며

말씀 | 마태복음 11:28-30

28 수고하고 무거운 짐 진 자들아 다 내게로 오라 내가 너희를 쉬게 하리라 **29** 나는 마음이 온유하고 겸손하니 나의 멍에를 메고 내게 배우라 그리하면 너희 마음이 쉼을 얻으리니 **30** 이는 내 멍에는 쉽고 내 짐은 가벼움이라 하시니라

묵상을 위한 질문

1. 예수님은 어떤 분이신가요?

2. 온유의 뜻은 무엇인가요?

적용

누군가의 말이나 행동에 상처받았을 때, 감정적으로 대응하거나 당한 대로 되돌려 주고 싶었던 적이 있나요? 온유한 성품을 기르기 위해 어떤 노력이 필요할지 고민하고 함께 나누어 보세요.

기도

사랑의 하나님, 온유하신 예수님의 모습을 묵상합니다. 저들의 핍박을 참으시며 보복하지 않으신 예수님처럼 온유한 성품을 소유하게 해 주세요. 주님의 온유를 본받아 더욱 배려하는 우리가 되게 해 주세요. 예수님의 이름으로 기도합니다. 아멘.

메시지

예수님은 온유한 분이십니다. 온유는 사랑의 중요한 본질이며 예수님의 성품이기도 합니다. 예수님은 친히 자신은 온유하다고 말씀하셨습니다. 그리고 산상수훈의 가르침을 통해 온유한 자는 땅을 기업으로 받게 된다고 말씀하시면서 온유하게 살 것을 명하셨습니다 (마 5:5).

온유한 성품을 소유할 때 우리는 더 많은 사람을 주님께 인도할 수 있습니다. 성경에서 말하는 온유는 우리가 일반적으로 생각하는 '부드러움' 혹은 '유약한' 느낌과는 거리가 멉니다. 온유의 원어적 의미를 살펴보면 '절제된 힘' 혹은 '힘이 있으나 그 힘을 사용하지 않는 것'이란 뜻이 있습니다.

예수님께서는 자신을 잡으러 온 자들과 채찍질하는 자들을 멸하실 수 있는 권세가 있으셨지만, 그렇게 하지 않으셨습니다. 하나님의 아들의 권세에 도전하며 비방하는 바리새인들을 향해서도 그 힘을 사용하지 않으셨습니다. 이처럼 예수님은 그분의 능력과 권세를 절대 보복에 사용하지 않으셨습니다.

이것이 바로 예수님의 온유이며 사랑입니다. 우리가 서로를 향해 참는 것은 힘이 없기 때문이 아닙니다. 사랑하기 때문입니다. 내가 당한 대로 되돌려 주고 괴롭힐 힘이 나에게 있더라도 사용하지 않습니다. 예수님을 닮아 온유하며 서로를 사랑하기 때문입니다. 사랑은 연약한 자를 향해 함부로 폭력을 행사하거나 말로 상처를 주거나 어떤 보복을 가하려는 시도도 하지 않습니다. ♥

021

사랑은 교만하지 아니하며

말씀 | 고린도전서 13:4-7
4 사랑은 오래 참고 사랑은 온유하며 시기하지 아니하며 사랑은 자랑하지 아니하며 교만하지 아니하며 5 무례히 행하지 아니하며 자기의 유익을 구하지 아니하며 성내지 아니하며 악한 것을 생각하지 아니하며 6 불의를 기뻐하지 아니하며 진리와 함께 기뻐하고 7 모든 것을 참으며 모든 것을 믿으며 모든 것을 바라며 모든 것을 견디느니라

묵상을 위한 질문
1. 다음 구절을 읽고 교만에 대해 정의해 보세요. (잠 8:13, 16:18)

2. 이스라엘 백성의 멸망 원인은 무엇인가요? (호 5:5)

적용
나의 말과 행동 속에서 형제/자매를 향한 교만이나 자랑, 시기가 드러나지 않았는지 돌아보세요. 그리고 하나님 앞에서 겸손히 사랑하기 위해 달라져야 할 부분이 무엇인지 함께 나누고 실천해 보세요.

기도
사랑의 하나님, 주님은 교만을 싫어하시고 우리도 교만을 싫어합니다. 그러나 우리 속에 교만한 죄성이 있습니다. 성령 하나님이 우리를 다스리셔서 참사랑을 배우게 해 주세요. 예수님의 이름으로 기도합니다. 아멘.

메시지

사랑의 속성 중 온유 다음으로 나오는 속성들은 부정적인 것을 행하지 않는 것입니다. 사랑은 시기하지 않으며 자랑하지 않으며 교만하지 않습니다. 인류가 저지른 최초의 범죄는 교만입니다. 바로 피조물이 자신의 위치를 망각하고 하나님처럼 되고 싶다는 교만이었습니다.

죄가 우리 가운데 있는 한 우리는 계속 교만해지려 하거나 이미 교만해져 있는 경우가 많습니다. 그러나 사랑은 우리를 겸손하게 합니다.

사랑은 시기하지 않습니다. 시기는 질투와 유사한 단어입니다. 시기하지 않는다는 의미는 남의 성공을 비난하거나 불쾌하게 여기지 않고, 기쁘게 축복해 주는 것입니다. 죄인들은 남이 잘되는 것을 참지 못합니다. 특히 가까운 사람이 잘되는 것은 더 참지 못하는 경향이 있으며, 심지어 부부 사이에도 종종 시기하는 일이 발생합니다.

사랑은 자신을 높이려 하지 않습니다. 그렇지만 있는 그대로를 말하는 것은 교만이나 자랑이 아닙니다. 예를 들어, 예수님이 "나는 온유하고 겸손하다"라고 말씀하신 것은 교만이 아닙니다. 주님은 있는 그대로를 말씀하셨기 때문입니다. 반면 그렇지 못한 인간이 말한다면 교만입니다.

다시 말해 사랑은 자신을 높이지 않고, 상대를 귀하게 여기는 마음입니다. 남을 더 귀하게 여기며 존중할 때, 그 사랑은 참된 겸손으로 드러납니다.♥

022

사랑은 무례히 행치 아니하며

말씀 | 고린도전서 10:23-24

23 모든 것이 가하나 모든 것이 유익한 것은 아니요 모든 것이 가하나 모든 것이 덕을 세우는 것은 아니니 **24** 누구든지 자기의 유익을 구하지 말고 남의 유익을 구하라

묵상을 위한 질문

1. 그리스도인의 성숙과 자기의 유익을 구하는 문제는 어떤 연관이 있을까요?

2. 자기의 유익보다 먼저 생각해야 할 것은 무엇인가요?

적용

형제/자매가 자기의 유익을 구하지 않고 나를 배려해 준 일이 있었는지 떠올려 보세요. 그리고 그때의 마음을 함께 이야기하며, 서로에게 고마움을 표현해 보세요.

기도

사랑의 하나님, 우리가 그리스도의 온전한 사랑을 더 많이 닮아 가게 하시고 상대방을 더욱 깊이 배려하고 존중하게 해 주세요. 그 과정에서 우리가 온전히 하나가 될 수 있도록 인도해 주세요. 예수님의 이름으로 기도합니다. 아멘.

메시지

사람들은 보통 친밀함을 격식 없이 지낼 수 있는 정도로 판단합니다. 그래서 높임말을 쓰는 사이보다 반말하는 사이가 더 가깝다고 생각합니다. 그러나 아무리 가까운 사이라도 관계에는 기본적인 예의와 격식이 필요합니다. 사람은 누구나 존중받기를 원하며 자신의 영역이 침해당하는 것을 원하지 않습니다. 당연히 부부 사이에도 기본적인 예의는 있어야 합니다.

사랑은 무례히 행하지 않는다고 했습니다. 이 말은 사랑하면 존중하게 되고, 존중하면 일정한 예의와 법도에 따라서 대한다는 의미입니다. 예의는 서로를 존중하게 해 줍니다. 예를 들어, 서로에게 높임말을 쓰는 부부가 심하게 다투었습니다. 싸울 때도 높임말을 쓴다면, 그 싸움의 정도와 수위는 반말하는 가정과는 다를 것입니다.

또한 무례히 행하지 않는 말씀과 유사한 개념으로, 사랑은 자기의 유익을 구하지 않습니다. 우리는 사랑과 집착을 구별할 필요가 있습니다. 사랑이 이타적인 감정이라면 집착은 이기적인 감정입니다. 무례히 행함과 자기 유익을 구하는 것은 모두 자기중심적인 행동과 타인을 자신의 필요에 이용하려는 마음에서 옵니다. 이것은 사랑이 아닙니다.

사랑은 배려이며 이타적인 감정으로 상대방을 먼저 생각하는 것입니다. 이를 신실하게 지킬 때 관계에서 일어나는 충돌을 줄일 수 있습니다. 그리고 더 나아가 두 사람이 온전히 하나가 되게 합니다. ♥

023

Date . .

사랑은 성내지 아니하며

말씀 | 잠언 29:11, 22-23
11 어리석은 자는 자기의 노를 다 드러내어도 지혜로운 자는 그것을 억제하느니라 **22** 노하는 자는 다툼을 일으키고 성내는 자는 범죄함이 많으니라 **23** 사람이 교만하면 낮아지게 되겠고 마음이 겸손하면 영예를 얻으리라

묵상을 위한 질문

1. 분노는 어떤 결과를 유발하나요? (22절)

2. 지혜로운 자는 분노를 어떻게 다룰까요?

적용

형제/자매와의 관계에서 분노한 적이 있나요? 그 이유를 생각해 보고 솔직하게 이야기해 보세요. 그리고 어떻게 하면 분노하지 않고 온전히 사랑할 수 있을지 고민하고 함께 나누어 보세요.

기도

사랑의 하나님, 예수님은 사람들에게 부당한 대우를 당하셨지만 분노하지 않으셨고 죄와 불의에 분노하셨습니다. 우리도 죄와 불의에 분노하게 하시고 타인을 향해서는 이해와 용서하는 마음을 품게 해 주세요. 예수님의 이름으로 기도합니다. 아멘.

메시지

사랑은 분노하지 않습니다. 일반적으로 분노는 어떤 필요나 기대가 충족되지 않았을 때 나타나는 강한 불쾌감입니다. 이런 감정은 타인이 나에게 무언가 해 주리라는 기대에서 시작되며, 그 기대의 근원은 결국 자기의 유익을 구하려는 마음입니다.

교제를 시작하면 서로에 대한 기대가 생기고, 기대가 무너지거나 충족되지 않을 때 분노합니다. 이러한 분노는 사랑과 관계를 파괴합니다. 성경은 많은 예를 통해 분노의 위험성을 경고했습니다.

또한 사랑은 악한 것을 생각하지 않습니다. 여기서 '생각하다'라는 단어는 '계산하다' 혹은 '기록해 두다'라는 의미가 있습니다. 즉, 악의를 품고 보복하기 위해 마음에 담아 두는 것입니다.

앞서 우리는 이해와 용서가 가정을 아름답게 하며 관계를 성숙하게 해 준다는 것을 배웠습니다. 사랑은 보복을 위해 마음에 담아 두지 않습니다. 온전히 이해하고 용서할 때, 우리는 악한 것을 생각하지 않게 됩니다. 온전한 사랑은 전적인 헌신입니다. 그래서 사랑은 힘들고 어려운 것입니다.

예수님은 먼저 섬기고 종이 되려 할 때 섬김을 받게 될 것이라고 말씀하셨습니다. 하지만 세상은 섬김을 받기 위해 힘으로 누르라고 말합니다. 그 결과 세상에는 늘 피곤함과 분쟁이 있습니다. 사랑하면 먼저 섬겨 보세요. ♥

024

Date   .   .

사랑은 진리와 함께

말씀 | 고린도전서 13:4-7

4 사랑은 오래 참고 사랑은 온유하며 시기하지 아니하며 사랑은 자랑하지 아니하며 교만하지 아니하며 5 무례히 행하지 아니하며 자기의 유익을 구하지 아니하며 성내지 아니하며 악한 것을 생각하지 아니하며 6 불의를 기뻐하지 아니하며 진리와 함께 기뻐하고 7 모든 것을 참으며 모든 것을 믿으며 모든 것을 바라며 모든 것을 견디느니라

묵상을 위한 질문

1. 진리는 무엇인가요? (요 14:6, 17:17)

2. 진리와 함께 기뻐하는 사랑은 말씀 안에 거하는 사랑입니다. 지금 우리의 관계는 말씀 안에 거하고 있나요?

적용

나는 진리와 함께 기뻐하며 사랑하고 있나요, 아니면 내 유익을 먼저 구하고 있나요? 말씀을 따라 바르게 사랑하기 위해 실천할 수 있는 한 가지를 함께 나누어 보세요(매일 기도하기, 말씀을 따라 선택하기 등).

기도

사랑의 하나님, 우리의 유익보다는 하나님의 영광과 이웃의 유익을 구하는 성숙한 그리스도인이 되기 원합니다. 우리를 위해 모든 것을 주신 주님의 사랑을 닮게 해 주세요. 예수님의 이름으로 기도합니다. 아멘.

메시지

사랑은 불의를 기뻐하지 않고 진리와 함께 기뻐합니다. 그러므로 우리는 참된 사랑을 알기 위해 진리를 알아야 합니다. 우리의 생명을 구원하고 하나님께로 인도하러 오신 예수님이 바로 진리입니다. 그분 안에 참된 사랑이 있습니다. 따라서 진리 가운데 행하는 사람은 주님의 말씀 안에서 사랑의 기쁨과 행복을 추구하며 살아갑니다.

세상 사람들은 때로 남에게 피해를 주더라도, 자신에게 유익하면 그것을 기뻐하고 즐거워합니다. 그러나 이것은 사랑이 아닙니다. 사랑은 불의를 기뻐하지 않습니다. 또한 자신의 기쁨을 위해 잘못된 것 혹은 다른 사람의 어려움을 외면하지 않습니다. 설사 그것이 내게 유익하더라도 진리가 아니면 기뻐하지 않습니다.

실용주의 철학은 내게 유익한 것이 선이라고 설명합니다. 내게 유익하면 선이라는 사상은 물질주의와 함께 이 시대를 지배하고 있습니다. 그러나 성경은 그렇게 말하지 않습니다. 내게 유익하고 유익하지 않고의 문제가 아니라, 진리와 함께 서는가 그렇지 않은가를 묻습니다.

진리 안에 있을 때 세상의 어떤 시련이 와도 흔들리지 않습니다. 그러므로 사랑하는 사람이 행한 불의가 내게 유익이 되더라도, 그 유익을 기뻐하지 않고 슬퍼할 줄 알아야 합니다. 진리와 함께 기뻐하려면 매일 말씀을 묵상해야 합니다. 사랑은 진리 안에서 누리는 기쁨입니다. ♥

025

사랑은 머리카락 세기

말씀 | 마태복음 10:29-33

29 참새 두 마리가 한 앗사리온에 팔리지 않느냐 그러나 너희 아버지께서 허락하지 아니하시면 그 하나도 땅에 떨어지지 아니하리라 **30** 너희에게는 머리털까지 다 세신 바 되었나니 **31** 두려워하지 말라 너희는 많은 참새보다 귀하니라 **32** 누구든지 사람 앞에서 나를 시인하면 나도 하늘에 계신 내 아버지 앞에서 그를 시인할 것이요 **33** 누구든지 사람 앞에서 나를 부인하면 나도 하늘에 계신 내 아버지 앞에서 그를 부인하리라

묵상을 위한 질문

1. 우리를 향한 하나님의 관심은 어떻게 나타났나요?

2. 하나님께 우리는 얼마나 소중한 존재인가요?

적용

형제/자매와 그 가족에게 내가 얼마나 관심을 가지고 있는지 생각해 보세요. 나는 관심을 잘 표현하는 편인가요? 서로가 부담스럽지 않게 관심을 표현하려면 어떤 방법이 좋을지 구체적으로 나누어 보세요.

기도

사랑의 하나님, 우리 머리카락까지 세시는 하나님의 깊은 관심에 감사합니다. 주님이 보이신 사랑을 따라 우리도 서로를 향해 더 깊은 사랑을 나누게 해 주세요. 예수님의 이름으로 기도합니다. 아멘.

메시지

오늘 본문은 하나님이 우리의 머리카락을 세신다고 말합니다. 하나님이 왜 우리의 머리카락을 세실까요? 이는 하나님의 전지전능하신 능력으로 우리의 모든 형편을 알고 계신다는 뜻입니다. 그리고 동시에, 그분의 세밀한 관심을 보여 주는 표현이기도 합니다.

혹시 주위에 탈모로 고민하는 분들이 있나요? 그들은 하루에도 몇 번씩 거울 앞에서 머리카락을 셀 기세로 살펴보며 걱정을 합니다. 그만큼 머리카락에 대한 관심이 크다는 이야기입니다. 이처럼 하나님이 우리의 머리카락을 세신다는 것은, 그분의 돌보심이 얼마나 섬세한지를 나타냅니다.

사랑은 관심입니다. 상대방에게 무감각하고 그 사람의 필요가 무엇인지도 모르면서 사랑한다고 말한다면, 그것은 거짓입니다. 사람마다 성격과 성향이 다르기 때문에, 관심을 두는 정도와 표현 방식에는 다소 차이가 있을 수 있습니다. 그러나 근본적으로 관심이 없는 사랑은 없습니다.

또한 본문은 참새 한 마리가 땅에 떨어지는 일조차 하나님의 허락 없이는 일어나지 않는다고 말합니다. 그만큼 하나님은 우리 삶에 깊은 관심을 가지고 계시며, 세밀하게 우리를 돌보시고 사랑하십니다.

하나님처럼 우리도 상대방의 필요가 무엇인지를 살펴보며 지속적이고 꾸준한 관심을 가져야 합니다. 그리고 적절하게 관심을 표현하는 훈련도 해야 합니다. ♥

026

Date . .

하나님께서 표현하신 사랑

말씀 | 로마서 5:6-8
6 우리가 아직 연약할 때에 기약대로 그리스도께서 경건하지 않은 자를 위하여 죽으셨도다 **7** 의인을 위하여 죽는 자가 쉽지 않고 선인을 위하여 용감히 죽는 자가 혹 있거니와 **8** 우리가 아직 죄인 되었을 때에 그리스도께서 우리를 위하여 죽으심으로 하나님께서 우리에 대한 자기의 사랑을 확증하셨느니라

묵상을 위한 질문

1. 하나님의 사랑은 어떤 방식으로 표현되었나요? (8절)

2. 왜 예수님은 죄인인 우리를 위해 죽으셨나요? (8절)

적용

형제/자매가 표현해 준 사랑을 떠올려 보세요. 어떤 말이나 행동에서 상대방의 마음을 느꼈는지 함께 나누어 보세요. 나는 어떤 방식으로 사랑을 전하고 있나요? 지금 느끼는 마음을 말이나 행동으로 표현해 보세요.

기도

사랑의 하나님, 변함없이 우리를 사랑해 주시니 감사합니다. 주님의 사랑으로 우리는 죄에서 구원받았습니다. 우리도 세상을 향해 주님의 사랑을 표현할 수 있게 해 주세요. 예수님의 이름으로 기도합니다. 아멘.

메시지

사랑은 마음에만 담아 두지 말고 표현해야 합니다. 표현하지 않는다면 상대방은 절대 그 사랑을 알지 못합니다. 이 표현에는 비언어적인 방식도 포함되어 있습니다. 하나님은 우리를 사랑하셨고, 여러 방식으로 사랑을 표현하셨습니다. 성경 전체의 역사가 바로 인류를 향한 하나님의 사랑 표현입니다. 하나님은 선지자들을 통해 사랑을 표현하셨으며, 아브라함과 선택한 자들을 통해서도 사랑을 표현하셨습니다.

무엇보다 가장 큰 사랑의 표현은 하나님의 아들을 우리에게 주시고, 그분으로 우리 죄를 대신해 죽게 하신 것입니다. 예수님은 자신의 생명을 우리에게 내어 주심으로 그 사랑을 보여 주셨습니다.

남을 위해 죽는 것은 쉽지 않습니다. 누군가는 의인이나 선인을 위해 죽을 수도 있겠지만, 죄인을 위해 죽는 분은 오직 하나님의 아들 한 분뿐이십니다. 사람들은 예수님이 십자가에 달려 죽으심을 보면서 하나님의 사랑을 깨닫게 됩니다. 이는 우리를 향한 하나님의 확고한 사랑의 표현이기 때문입니다. 이처럼 표현할 때 사랑은 더욱 풍성해집니다.

요즘은 많이 달라졌지만, 여전히 사랑을 표현하는 데 두려움을 느끼거나 서툰 사람들이 있습니다. 그러나 표현할 때 사랑은 더 아름다워집니다. 편지 쓰기, 전화하기, 혹은 비언어적인 방법을 통해서라도 사랑을 표현해야 합니다. 진실한 마음으로 자신의 사랑을 표현하는 연습을 해 보세요. ♥

027

사랑은 죽음같이 강하고

말씀 | 아가 8:6-7

6 너는 나를 도장 같이 마음에 품고 도장 같이 팔에 두라 사랑은 죽음 같이 강하고 질투는 스올 같이 잔인하며 불길 같이 일어나니 그 기세가 여호와의 불과 같으니라 **7** 많은 물도 이 사랑을 끄지 못하겠고 홍수라도 삼키지 못하나니 사람이 그의 온 가산을 다 주고 사랑과 바꾸려 할지라도 오히려 멸시를 받으리라

묵상을 위한 질문

1. 사랑의 힘은 얼마만큼 강한가요?

2. 인생의 어려움이 닥칠 때, 우리는 어떤 태도를 보여야 할까요?

적용

형제/자매와의 관계에서 크고 작은 어려움이나 갈등을 겪은 적이 있나요? 그때 어떤 마음으로 서로를 대했는지 돌아보고, 앞으로 그런 순간이 올 때 어떻게 사랑으로 이겨 낼 수 있을지 함께 나누어 보세요.

기도

사랑의 하나님, 우리보다 더 우리를 사랑하시는 그 사랑에 감사합니다. 우리도 예수님의 사랑을 배우게 하셔서 사랑으로 모든 것을 이기게 해 주세요. 예수님의 이름으로 기도합니다. 아멘.

메시지

사람이 가장 두려워하는 것은 죽음입니다. 사탄은 늘 사망의 권세로 사람들을 괴롭힙니다. 하지만 예수님이 부활하심으로 그 권세를 깨뜨리셨고, 그리스도 안에 있는 자들은 죽음을 두려워할 필요가 없게 되었습니다. 죽음을 이기신 예수님 안에서 우리는 참된 사랑의 능력을 보게 됩니다.

이처럼 사랑의 힘도 죽음의 힘만큼 강해서 사랑 앞에서는 불가능한 일도 가능해집니다. 십자가를 지시기 전날 밤 주님은 괴롭고 힘든 밤을 보내셨습니다. 그러나 우리를 향한 그 사랑으로 십자가를 지셨습니다.

부부가 되고 가정을 이루어 살아가다 보면 예기치 않은 어려움을 겪게 됩니다. 그때 어려움을 이겨 낼 힘이 바로 서로에 대한 사랑입니다. 예수님을 잘 믿으면 어려움 없이 늘 평안하리라고 생각하는 사람들이 있습니다. 그러나 그것은 잘못된 기복주의 신앙입니다.

하나님의 명령을 어기고 다시스로 도망간 요나는 큰 풍랑을 만나 어려움을 겪었습니다. 그런데 하나님의 명령에 따라 선교를 떠나던 바울도 큰 풍랑을 만났습니다. 예수님을 믿어도 인생의 풍랑은 피할 수 없습니다. 그러나 풍랑을 만났을 때 바울과 요나의 태도는 달랐습니다.

하나님 앞에 바르게 선 자는 이웃을 안심시키며, 그 상황을 그리스도께 영광을 돌리고 복음을 전하는 기회로 활용합니다. 인생에서 큰 풍랑을 만날 때, 우리보다 우리를 더 사랑하시는 하나님을 기억하세요. 그리고 서로의 사랑이 역경을 이겨 내는 큰 힘이 된다는 사실을 잊지 마세요. ♥

성(性)과 연합

Letter. 부부 안에서 누리는 하나님이 주신 귀한 축복

성은 하나님이 인간에게 주신 아름다운 선물이다. 창세기에서 하나님은 남자와 여자를 창조하시고, 그들에게 생육하고 번성하라고 명령하셨다. 이는 단순히 자손을 낳는 것을 넘어, 부부 사이의 사랑과 친밀함을 통해 하나님의 형상을 드러내라는 뜻이다. 세상의 왜곡된 시선과 달리, 하나님이 창조하신 성은 거룩하며, 부부의 깊은 연합을 위한 통로다.

부부 간의 성은 단지 육체적 만족이 아니라, 서로를 깊이 이해하고 신뢰하며 영혼까지 연결되는 축복이다. "둘이 한 몸을 이룰지로다"(창 4:24)라는 말씀은, 단순한 결합이 아닌 존재의 통합을 말한다.

부부 관계는 일방적인 요구나 억지가 아니라, 서로를 존귀하게 여기는 마음에서 우러나오는 섬김이다. 그래서 부부 사이의 성은 감정과 환경, 건강과 심리 상태까지 포함해 민감하게 서로를 배려하며 나누는 사랑이어야 한다. 또한 부부의 성은 서로를 소유하기 위한 수단이 아니라, 서로를 더욱 깊이 이해하고 하나 되기 위한 언약의 완성이 되어야 한다.

세상은 성을 왜곡하고 소비하지만, 믿는 사람들은 이를 하나님의 은혜의 선물로 받아들여야 한다. 그 안에서 서로를 더욱 사랑하며 섬기는 법을 배울 때, 하나님은 부부를 더욱 단단히 묶으시고, 세상의 어떤 연합보다 깊고 아름다운 사랑의 열매를 맺게 하신다.

028

다르게 만드신 하나님

말씀 | 창세기 1:26-28

26 하나님이 이르시되 우리의 형상을 따라 우리의 모양대로 우리가 사람을 만들고 그들로 바다의 물고기와 하늘의 새와 가축과 온 땅과 땅에 기는 모든 것을 다스리게 하자 하시고 **27** 하나님이 자기 형상 곧 하나님의 형상대로 사람을 창조하시되 남자와 여자를 창조하시고 **28** 하나님이 그들에게 복을 주시며 하나님이 그들에게 이르시되 생육하고 번성하여 땅에 충만하라, 땅을 정복하라, 바다의 물고기와 하늘의 새와 땅에 움직이는 모든 생물을 다스리라 하시니라

묵상을 위한 질문

1. 하나님은 어떻게 사람을 만드셨나요? (26절)

2. 하나님이 "사람을 창조하시되 남자와 여자로 창조"하신 이유는 무엇인가요? (27절)

적용

음란물은 성을 어떻게 왜곡시켰다고 생각하나요? 말씀을 묵상하며 내 안에 남아 있는 왜곡된 생각을 돌아보고, 서로의 다른 점을 이해할 수 있는 방법을 함께 나누어 보세요.

기도

사랑의 하나님, 우리의 창조주께 영광을 돌립니다. 우리를 남자와 여자로 창조하시고 서로를 배우며 돕도록 하신 하나님의 뜻을 따라 더 깊이 알아 가고 배려할 수 있게 도와주세요. 예수님의 이름으로 기도합니다. 아멘.

메시지

하나님이 사람을 만드실 때 "남자와 여자"로 만드셨습니다. 이 말씀은 우리를 "남자와 여자"로 구별하여 지으셨다는 의미입니다. 그렇게 하신 이유는 서로를 사랑하고 함께 도우며 살도록 하기 위해서입니다.

남성에게 있는 것이 여성에게 없을 수 있고, 여성에게 있는 것이 남성에게 없을 수 있습니다. 이것은 우월감으로 상대방을 무시하라는 뜻이 아니라, 서로 보완하고 도우며 살도록 하신 하나님의 배려입니다. 그러므로 우리는 서로 다른 성에 대해 배워야 합니다.

특히 남성들은 여성에 대해 더 깊이 이해하고 배워야 합니다. 결혼 후 부부 사이의 관계뿐 아니라 임신과 출산 등 남성이 경험하지 않는 부분들을 공부해야 합니다. 남성들은 대부분 여성을 잘 이해하지 못합니다. 그뿐 아니라 왜곡된 성문화와 잘못된 인식으로 남성과 여성이 서로를 바르게 이해하지 못하는 경우도 많습니다.

서로의 다름을 존중할 때 부부는 온전히 하나가 됩니다. 성경의 창조 원리 안에서 남성과 여성의 차이를 이해하고, 하나님이 주신 다름을 감사함으로 받아들여 보세요.

다르다는 것은 분리를 의미하지 않습니다. 하나님은 서로 다르지만 존중하며 하나가 될 수 있는 은혜를 가정에 허락하셨습니다. 우리를 서로 다르게 창조하신 분은 하나님이십니다. 그분의 뜻을 기억할 때 우리는 서로를 더 잘 이해하게 될 것입니다. ♥

029
결혼을 귀히 여기며

말씀 | 히브리서 13:1-4

1 형제 사랑하기를 계속하고 2 손님 대접하기를 잊지 말라 이로써 부지중에 천사들을 대접한 이들이 있었느니라 3 너희도 함께 갇힌 것 같이 갇힌 자를 생각하고 너희도 몸을 가졌은즉 학대 받는 자를 생각하라 4 모든 사람은 결혼을 귀히 여기고 침소를 더럽히지 않게 하라 음행하는 자들과 간음하는 자들을 하나님이 심판하시리라

묵상을 위한 질문

1. 결혼을 귀히 여기라는 말씀은 무슨 뜻인가요?

2. 음행하는 자들의 최후는 무엇인가요? (4절)

적용

성에 관한 나의 생각은 성경적인가요, 아니면 세속적인가요? 그렇게 생각하는 이유는 무엇인가요? 각자의 솔직한 생각을 정리해서 함께 나누어 보세요.

기도

사랑의 하나님, 결혼을 귀히 여기지 않는 사람들로 인해 가정이 무너지고 있는 아픔을 기억해 주세요. 그리스도인의 가정이 하나님 안에서 아름답게 세워져 선한 영향력을 끼치도록 인도해 주세요. 예수님의 이름으로 기도합니다. 아멘.

메시지

사탄이 즐겨 사용하는 전략은 가정을 파괴하는 것입니다. 서로에 대한 사랑과 헌신보다는 자신의 삶을 즐기라고 우리를 유혹합니다.

생각보다 많은 사람이 가정에 대한 책임보다는 자신의 쾌락과 즐거움을 택합니다. 그래서 가정이 파괴되고 자녀들이 고통을 받게 됩니다. 이혼의 가장 큰 피해자는 자녀들입니다. 그들이 겪는 아픔과 왜곡된 가정관은 또 다른 문제로 이어질 가능성이 높습니다.

오늘 본문은 결혼을 귀히 여기라고 합니다. 뒤에 나오는 구절에서는 침소를 더럽히지 말라고 합니다. 즉, 결혼을 귀하게 여기려면 침소를 더럽히지 말아야 합니다. 이것은 부부 안에서 한정된 성 생활을 의미합니다. 혼전 성관계나 혼외정사는 결국 가정을 무너뜨리는 원인이 되기 때문입니다.

성에 관한 가치관은 자유로운 쪽으로 변하고 있습니다. 그럼에도 우리의 기준은 언제나 성경이어야 합니다. 하지만 많은 경우 우리는 자신의 관념으로 기준을 정합니다. 예를 들어, 돈이나 조건을 앞세운 만남이나 부부 사이 외의 성관계를 들키지만 않으면 괜찮다고 여기는 생각은 인본주의적인 해석입니다.

우리의 윤리 기준은 하나님에게서 옵니다. 사탄은 우리의 가치 기준이 성경으로부터 멀어지도록 유도할 것입니다. 세상은 점점 그렇게 될 것이고, 우리의 싸움은 더욱 고독해질 것입니다. 그렇지만 끝까지 믿음으로 승리하세요. ♥

030
깨끗한 그릇

말씀 | 디모데후서 2:20-22

20 큰 집에는 금 그릇과 은 그릇뿐 아니라 나무 그릇과 질그릇도 있어 귀하게 쓰는 것도 있고 천하게 쓰는 것도 있나니 **21** 그러므로 누구든지 이런 것에서 자기를 깨끗하게 하면 귀히 쓰는 그릇이 되어 거룩하고 주인의 쓰심에 합당하며 모든 선한 일에 준비함이 되리라 **22** 또한 너는 청년의 정욕을 피하고 주를 깨끗한 마음으로 부르는 자들과 함께 의와 믿음과 사랑과 화평을 따르라

묵상을 위한 질문

1. 어떤 그릇이 하나님께 쓰임을 받나요?

2. 깨끗하다는 말씀의 의미는 무엇인가요?

적용

오늘 말씀을 다시 묵상해 보고, 결혼 전 성관계에 대해 함께 이야기해 보세요. 그리고 정결함을 지키기 위해 어떤 선택과 노력이 필요한지 구체적인 방법을 함께 나누어 보세요.

기도

사랑의 하나님, 깨끗한 자를 귀히 사용하시는 주님을 찬양합니다. 우리가 주님 앞에서 정결하게 준비되어 주님의 도구로 쓰임받는 삶이 될 수 있도록 인도해 주세요. 예수님의 이름으로 기도합니다. 아멘.

메시지

사람들은 하나님 앞에서 큰 그릇 혹은 귀한 그릇으로 쓰임 받기를 원합니다. 그러나 하나님이 사용하시는 그릇은 금이나 은으로 만든 그릇 혹은 큰 그릇이 아니라 깨끗한 그릇입니다. 즉, 자신을 정결하게 지킬 때 하나님 앞에서 귀하게 쓰임을 받습니다.

성경은 청년의 때에 자신을 정결하게 하려면 정욕을 제어하라고 말합니다. 요즘은 교제 기간에 관계없이 성관계를 갖는 사람들이 많습니다. 그러나 이 모습은 성경적이지 않습니다.

혼전 성관계를 금해야 할 이유는 무엇일까요? 이 관계는 먼저 마음의 평안을 앗아 갑니다. 임신에 대한 위험성과 불안감 등으로 관계에서 평안을 누리지 못하게 합니다. 그리고 하나님과의 관계를 어렵게 합니다. 나의 삶이 떳떳하지 못하면 하나님께 나아가는 데 걸림돌이 됩니다. 만약 임신하게 되면 여러 가지 어려움이 발생합니다. 그리고 교제가 깨어진다면 더욱 어려운 상황을 마주하게 됩니다.

따라서 말씀 안에서 지킬 것은 지키며, 서로 존중하고 기다릴 줄 아는 관계를 맺어야 합니다. 우리는 이 과정에서 성숙한 사랑과 깊은 신뢰를 배우게 됩니다. 시편 기자는 청년의 정욕을 피하려고 주님의 말씀을 마음에 두었다고 했습니다. 교제 기간 중 가장 힘든 부분은 성에 관한 문제입니다. 성경으로 돌아가 청년의 정욕을 피하고 깨끗한 마음으로 자신을 준비하세요. ♥

031

Date   .   .

그리스도의 지체

말씀 | 고린도전서 6:12-15

12 모든 것이 내게 가하나 다 유익한 것이 아니요 모든 것이 내게 가하나 내가 무엇에든지 얽매이지 아니하리라 **13** 음식은 배를 위하여 있고 배는 음식을 위하여 있으나 하나님은 이것 저것을 다 폐하시리라 몸은 음란을 위하여 있지 않고 오직 주를 위하여 있으며 주는 몸을 위하여 계시느니라 **14** 하나님이 주를 다시 살리셨고 또한 그의 권능으로 우리를 다시 살리시리라 **15** 너희 몸이 그리스도의 지체인 줄을 알지 못하느냐 내가 그리스도의 지체를 가지고 창녀의 지체를 만들겠느냐 결코 그럴 수 없느니라

묵상을 위한 질문

1. 하나님이 우리 몸을 만드신 이유는 무엇인가요? (13절)

2. 자유롭게 선택할 수 있을 때, 무엇이 하나님께 합당한 선택일까요?

적용

오늘 말씀을 다시 묵상하며 오락과 술·담배, 성의 문제를 점검해 보세요. 그리고 어떻게 하면 그리스도인답게 정결하고 거룩한 삶을 살 수 있을지 함께 고민하고 삶의 방향을 새롭게 세워 보세요.

기도

사랑의 하나님, 우리의 몸을 세속적인 욕심이나 쾌락이 아니라, 주님이 기뻐하시는 뜻을 따라 아름답게 사용하게 해 주세요. 예수님의 이름으로 기도합니다. 아멘.

메시지

초대교회 당시 이방인들에게 복음이 전파되면서 음식법에 관한 문제가 발생했습니다. 율법에 따르면, 먹을 수 있는 것과 먹지 말아야 할 것이 명확하게 구분되어 있습니다. 그런데 이방인들에게 이 규례를 어떻게 적용해야 할지가 문제였습니다. 이후 교회는 음식 규례에서 자유로워졌지만, 그 자유를 어떻게 사용해야 할지가 과제로 남았습니다. 우리는 뭐든지 먹을 수도 있고 먹지 않을 수도 있는 자유가 있습니다. 그러나 그것이 모두 유익을 주지는 않습니다.

그렇다면 우리는 무엇을 위해, 어디에 기준을 두고 우리의 자유를 사용해야 할까요? 우리의 몸은 그리스도를 위해 사용되어야 합니다. 우리는 예수님을 믿음으로 그리스도의 몸에 접붙임이 되었습니다. 즉, 그분께 속하게 되어 이제 그리스도께서 내 안에 계시고 내가 그리스도 안에 있으므로 그분과 하나가 되었습니다. 그러므로 우리의 몸을 음란이나 세속적인 욕심을 위해 사용해서는 안 됩니다.

성에 관한 성경의 답은 분명합니다. 하나님이 주신 아름답고 소중한 것이기에, 가정 안에서 온전히 지켜야 한다는 것입니다. 그러나 세상은 계속 우리를 유혹합니다. 세상은 타락한 사람들의 예를 들며, 잘못된 자유를 합리화하려 합니다. 이러한 유혹에 속지 마세요. 모든 가치의 기준은 그리스도 안에서 결정되어야 합니다. 그리고 그 결정이 하나님께 영광이 되며, 하나님 중심에서 정해져야 합니다. 하나님이 원하시는 삶은 정결하고 거룩한 삶입니다. ♥

032

하나님을 알지 못하는 까닭

말씀 | 호세아 5:1-4

1 제사장들아 이를 들으라 이스라엘 족속들아 깨달으라 왕족들아 귀를 기울이라 너희에게 심판이 있나니 너희가 미스바에 대하여 올무가 되며 다볼 위에 친 그물이 됨이라 2 패역자가 살육죄에 깊이 빠졌으매 내가 그들을 다 벌하노라 3 에브라임은 내가 알고 이스라엘은 내게 숨기지 못하나니 에브라임아 이제 네가 음행하였고 이스라엘이 더러워졌느니라 4 그들의 행위가 그들로 자기 하나님에게 돌아가지 못하게 하나니 이는 음란한 마음이 그 속에 있어 여호와를 알지 못하는 까닭이라

묵상을 위한 질문

1. 하나님이 에브라임과 이스라엘을 향한 심판을 경고하신 이유는 무엇인가요? (3절)

2. 무엇 때문에 하나님께로 나아가지 못하나요? (4절)

적용

하나님과 나 사이를 가로막는 우상은 어떤 것들이 있는지 생각해 보세요. 그리고 더 깊은 영적 교제를 위해 구체적으로 어떻게 행동하면 좋을지 함께 나누어 보세요.

기도

사랑의 하나님, 우리가 범죄할 때 하나님을 알지 못한다는 진리를 깨닫게 하시니 감사합니다. 경건함과 거룩함으로 우리의 삶을 이루어 가게 하시고 하나님을 더 깊이 알도록 인도해 주세요. 예수님의 이름으로 기도합니다. 아멘.

메시지

구약 시대의 호세아는 특별한 선지자였습니다. 그는 하나님의 명령으로 창녀 고멜과 결혼했습니다. 고멜은 옛 습관을 버리지 못해 집을 나갔습니다. 그러자 하나님은 선지자에게 그 여인을 다시 데려오라고 명령하셨습니다.

하나님은 호세아 선지자의 가정을 통해 이스라엘 백성에게 하나님과 백성의 관계를 분명하게 보여 주며 교훈하셨습니다. 하나님의 한결같은 사랑에도 불구하고 그분의 곁을 떠나 음란한 생활을 한 백성에게 전하는 사랑과 심판의 경고였습니다.

성경은 육체적인 음란과 영적인 음란을 동일 선상에서 설명합니다. 왜냐하면 육체적으로 방탕하고 음란한 생활은 하나님과의 영적 관계를 파괴하기 때문입니다. 우리 안에 죄가 있으면 하나님께 나아가는 길에 방해가 됩니다.

성령님은 범죄한 그리스도인의 마음을 찔러 아프게 하시고, 말씀을 생각나게 하셔서 돌이키게 하십니다. 그러나 죄를 짓고도 깨닫지 못한다면 하나님의 심판을 피할 수 없습니다(로마서 3장 참조). 하나님과 더 깊은 영적 관계를 맺으려면 자신을 정결하게 지키고, 경건을 연습해야 합니다. 그렇지 않으면 하나님보다 다른 것을 더 사랑하게 됩니다.

바울은 다른 신을 섬기거나 우상을 숭배하는 일을 영적 간음이라 했습니다. 즉, 하나님의 거룩한 신부가 된 성도가 이방 신을 따르는 것은 영적 간음입니다. 그러므로 우리는 오직 주님께 속한 자로 살아가야 합니다. ♥

경제

Letter. 가정 경제와 믿음의 연결고리

살다 보면 누구나 재정적인 어려움 앞에서 한계를 느낀다. 돈의 부족은 여유를 빼앗고 관계를 긴장시키며, 때로는 믿음마저 흔들리게 한다. 그래서 가정 경제의 문제는 본질적으로 믿음의 문제다.

성경 속 인물들도 이 문제에서 자유롭지 않았다. 모세는 물과 양식이 부족하다는 백성들의 원망 앞에서 길이 보이지 않았다. 그때 하나님은 바람을 보내 메추라기 떼를 진영에 가득 채우셨다. 인간의 계산과 방법이 아닌, 하나님의 공급이었다.

가정의 경제도 마찬가지다. 수입과 지출, 예산과 계획은 분명히 중요하다. 그러나 '얼마나 벌고 얼마나 아끼는가'보다 더 중요한 것은, '하나님을 얼마나 신뢰하는가'이다. 돈은 하나님과의 관계를 가장 뚜렷하게 드러내는 지점이다. 풍족할 때는 자만하기 쉽고, 부족할 때는 절망하기 쉽다.

하나님은 재정을 다루는 방식을 통해 우리의 신앙을 빚으신다. 정직하게 일하고 성실히 계획하되, 궁극적인 공급자가 하나님이심을 기억해야 한다. 인색하게 움켜쥐지 말고 필요를 따라 나누며, 많든 적든 감사와 만족을 배우라고 하신다. 재정은 단순한 생존의 문제가 아니라 하나님과 함께 살아가는 방식의 문제다. 그분은 가장 알맞은 때에, 우리가 상상하지 못한 방법으로 공급하신다.

033

Date   .   .

축복된 노동

말씀 | 데살로니가후서 3:6-9

6 형제들아 우리 주 예수 그리스도의 이름으로 너희를 명하노니 게으르게 행하고 우리에게서 받은 전통대로 행하지 아니하는 모든 형제에게서 떠나라 **7** 어떻게 우리를 본받아야 할지를 너희가 스스로 아나니 우리가 너희 가운데서 무질서하게 행하지 아니하며 **8** 누구에게서든지 음식을 값없이 먹지 않고 오직 수고하고 애써 주야로 일함은 너희 아무에게도 폐를 끼치지 아니하려 함이니 **9** 우리에게 권리가 없는 것이 아니요 오직 스스로 너희에게 본을 보여 우리를 본받게 하려 함이니라

묵상을 위한 질문

1. 바울은 어떻게 일했나요? 그가 노동을 한 이유는 무엇인가요? (8절)

2. 경제적인 부분에서 규모가 없다는 말은 어떤 의미인가요?

적용

내게 주어진 자리에서 성실히 살아가고 있나요? 직장이나 가정, 학업이나 사역 가운데 내 삶을 돌아보고, 함께 나누어 보세요. 만일 새로운 길을 고민하고 있다면, 참새도 먹이시는 하나님께 기도하며 그분의 인도하심을 구해 보세요.

기도

사랑의 하나님, 우리에게 일할 기회와 건강을 주심에 감사합니다. 맡겨 주신 자리에서 성실히 일하며 받은 은혜를 누리도록 인도해 주세요. 예수님의 이름으로 기도합니다. 아멘.

메시지

결혼하고 가정을 이룰 때 많은 유익을 얻습니다. 그러나 한편으로 부담도 많아집니다. 특히 가족을 부양하고 경제적인 필요를 채우는 것은 부담이자 중요한 의무입니다.

하나님이 최초의 사람에게 주신 문화명령, 즉 땅을 정복하고 다스리는 것은 선물이었습니다. 본래 하나님은 사람이 일할 때 즐거움과 기쁨을 누리도록 창조하셨습니다. 타락 이전에 아담과 하와는 에덴에서 모든 것을 수고 없이 누렸지만, 이제는 수고해야 얻을 수 있게 되었습니다. 분명한 사실은, 노동 자체가 벌이 아니라 타락 이전에 하나님이 우리에게 주신 신성한 사명이라는 점입니다.

따라서 우리는 먹고마시는 것보다 먼저 하나님의 나라를 구하며, 하나님이 우리의 필요를 채우신다는 믿음으로 살아가야 합니다. 그리고 우리에게 주신 일터에서 정직하고 성실하게 열심히 일해야 합니다.

바울은 선교 사역을 하면서 교회에서 지급되는 선교비로만 사역할 수도 있었습니다. 하지만 그는 직접 노동했으며, 이를 통해 복음을 전할 기회를 만들 수 있었습니다. 무엇보다도 규모 없는 자들에게 본을 보이기 위해 그렇게 한 것입니다. 규모 없다는 말은 계획성 없고 절제하지 못하는 미성숙함을 의미합니다.

가정을 이룰 때 경제적인 면에서 부모님에게 무조건 의지하는 것은 바람직하지 않습니다. 물론 예외가 있겠지만, 부모님으로부터 독립해 하나님을 의지해 보세요. ♥

034
망대를 세우는 자

말씀 | 누가복음 14:25-30

25 수많은 무리가 함께 갈새 예수께서 돌이키사 이르시되 26 무릇 내게 오는 자가 자기 부모와 처자와 형제와 자매와 더욱이 자기 목숨까지 미워하지 아니하면 능히 내 제자가 되지 못하고 27 누구든지 자기 십자가를 지고 나를 따르지 않는 자도 능히 내 제자가 되지 못하리라 28 너희 중의 누가 망대를 세우고자 할진대 자기의 가진 것이 준공하기까지에 족할는지 먼저 앉아 그 비용을 계산하지 아니하겠느냐 29 그렇게 아니하여 그 기초만 쌓고 능히 이루지 못하면 보는 자가 다 비웃어 30 이르되 이 사람이 공사를 시작하고 능히 이루지 못하였다 하리라

묵상을 위한 질문

1. 이 말씀은 누구에게(25절), 어떤 목적으로(26절) 하신 말씀인가요?

2. 망대를 세우는 자가 가장 먼저 하는 일은 무엇인가요? (28절)

적용

나의 경제관은 어떠한가요? 돈을 어떻게 벌고, 쓰고, 저축하고, 나눌지 이야기해 보고, 하나님이 주신 재정을 지혜롭고 바르게 관리할 수 있도록 함께 계획을 세워 보세요.

기도

사랑의 하나님, 우리가 하나님 중심의 계획성 있는 삶을 살게 하시고, 하나님의 나라에 공헌하는 제자의 삶을 살도록 인도해 주세요. 예수님의 이름으로 기도합니다. 아멘.

메시지

예수님은 그분의 제자가 되기 위해 온 무리를 향해 그것이 무엇을 의미하는지 설명하셨습니다. 그리고 망대를 세우는 자의 비유를 들어, 제자로서 행해야 할 수고와 어려움과 얻게 될 영광들을 먼저 생각해 보라고 말씀하셨습니다.

만약 어떤 길인지 모르고 제자가 되었다가, 힘들다고 그만두면 비웃음을 살 것입니다. 우리가 내 집 마련을 위한 계획을 세우듯, 하나님의 나라를 이루어 가는 데도 계획이 필요합니다.

우리는 새로운 가정을 이룰 때 계획을 세워야 합니다. 그래야 목적에 따라 절제된 생활을 할 수 있습니다. 혼수 준비부터 자녀 양육과 집 마련 등에 대한 계획을 세워야 합니다. 그러나 분명히 알아야 할 것은, 그 계획이 하나님 중심이어야 한다는 점입니다. 하나님을 중심에 둔 사람은 이 땅에서의 삶을 정직하고 치열하게 살아갑니다.

경제적인 계획들은 가정의 행복을 지켜 주며 더 나아가 하나님의 나라에 공헌할 수 있게 해 줄 것입니다. 내 집을 장만할 때 드는 수고와 어려움을 느낄 때마다 오늘 말씀을 떠올려 보세요. 그리고 예수님을 따르는 길에 감당해야 할 수고와 어려움에 대해서도 깊이 묵상해 보세요. 예수님의 제자가 되는 것은 내 집을 마련하는 일보다 더 힘든 길입니다. 그러므로 예수님을 따르는 삶을 귀히 여기며 주님과 함께 성실히 걸어가 보세요. ♥

035
저축과 구제

말씀 | 창세기 6:21-22; 잠언 11:24-25

21 너는 먹을 모든 양식을 네게로 가져다가 저축하라 이것이 너와 그들의 먹을 것이 되리라 **22** 노아가 그와 같이 하여 하나님이 자기에게 명하신 대로 다 준행하였더라
24 흩어 구제하여도 더욱 부하게 되는 일이 있나니 과도히 아껴도 가난하게 될 뿐이니라 **25** 구제를 좋아하는 자는 풍족하여질 것이요 남을 윤택하게 하는 자는 자기도 윤택하여지리라

묵상을 위한 질문

1. 홍수를 대비해 노아에게 내리신 명령은 무엇인가요? (창 6장)

2. 그리스도인은 저축과 구제에 대해 어떤 태도를 가져야 할까요? 성경은 자기만을 위해 쌓아 두는 저축에 대해 무엇이라고 말하고 있나요?

적용

바른 가정 경제를 위한 저축, 보험 등에 관한 계획을 세우고 함께 나누어 보세요. 그 계획 안에 반드시 헌금과 구제에 관한 계획도 담아 보기를 바랍니다.

기도

사랑의 하나님, 우리에게 지혜를 주시니 감사합니다. 우리가 세상을 살아갈 때 미래를 준비할 수 있는 지혜를 허락하시고 검소하고 정직하게 살게 도와주세요. 깨끗하지 못한 부에 마음을 두지 말고, 주신 것으로 기쁨을 누리며 살게 해 주세요. 예수님의 이름으로 기도합니다. 아멘.

메시지

성경에는 저축하라는 말씀이 그리 많지 않습니다. 그 대신 구제함에 있어서 재물을 과도히 아끼지 말라는 표현이 많습니다. 이것은 저축을 금하라는 뜻이 아니라 인간의 악함을 경계하신 말씀입니다.

일반적으로 미래를 위해 준비하고 저축하는 것은 아주 당연한 일입니다. 솔로몬은 우리의 미래가 어떻게 될지 알지 못한다고 말했습니다. 하나님은 큰 환난이나 어려움이 오기 전에 하나님의 사람들에게 그 시기를 이겨 낼 양식을 준비하도록 하셨습니다. 노아에게 홍수를 대비한 양식을 준비하게 하셨고, 요셉에게 7년 흉년을 이길 양식을 준비하게 하셨습니다. 이처럼 미래를 위해 준비하고 저축하는 것은 지극히 성경적이며 상식적인 일입니다.

그러나 성경은 구제와 하나님의 나라를 위해 물질을 사용하지 않고 자신의 사리사욕만 채우는 저축에 대해서는 책망합니다. 한 부자가 있었습니다. 그는 여러 해 쓸 물건을 많이 쌓아 두었으니 평안히 쉬고 먹고 마시며 즐기자고 말했습니다. 그러나 하나님은 바로 그날 밤 부자의 생명을 거두셨습니다. 예수님은 이 사람을 어리석은 부자라고 하셨습니다.

미래를 위해 물질을 저축해야 합니다. 그러나 하나님은 우리가 자신을 위해 지나치게 물질을 모으는 것을 원치 않으십니다. 우리는 물질을 지혜롭게 아끼고 저축하면서도, 꼭 필요한 곳에 사용할 수 있어야 합니다. 그것이 그리스도인의 올바른 물질 관리입니다.♥

036
빚과 보증

Date   .   .

말씀 | 로마서 13:8-10

8 피차 사랑의 빚 외에는 아무에게든지 아무 빚도 지지 말라 남을 사랑하는 자는 율법을 다 이루었느니라 **9** 간음하지 말라, 살인하지 말라, 도둑질하지 말라, 탐내지 말라 한 것과 그 외에 다른 계명이 있을지라도 네 이웃을 네 자신과 같이 사랑하라 하신 그 말씀 가운데 다 들었느니라 **10** 사랑은 이웃에게 악을 행하지 아니하나니 그러므로 사랑은 율법의 완성이니라

묵상을 위한 질문

1. 성경은 빚을 지는 것에 대해 어떻게 말하고 있나요?

2. 사랑의 빚이란 구체적으로 무엇인가요?

적용

나의 소비 습관과 카드 사용을 돌아보고 개선해야 할 점을 생각해 보세요. 사용하지 않는 신용카드가 있거나, 감당이 안 될 만큼 많이 사용하고 있다면 이번 기회에 정리해 보세요. 그리고 빚을 지지 않고 물질을 규모 있게 사용할 수 있는 방법을 함께 나누어 보세요.

기도

사랑의 하나님, 우리에게 지혜와 절제를 허락하셔서 물질을 규모 있게 사용할 수 있게 해 주세요. 그리하여 넉넉하지 않아도 주님 안에서 풍성함을 누리게 해 주세요. 예수님의 이름으로 기도합니다. 아멘.

메시지

성경은 빚과 보증에 관해 말하고 있습니다. 잠언에서는 빚을 지지 말며 보증을 서지 말 것을 권합니다. 빚은 반드시 갚아야 하는 것입니다. 빚을 지게 되면 이를 갚는 동안 가정은 큰 어려움을 겪게 됩니다. 일반적인 상황에서 올바른 경제계획을 세운다면 빚을 지지 않을 수 있습니다.

부득이한 부채의 경우 빨리 갚도록 노력해야 합니다. 신용카드의 사용도 일종의 빚입니다. 감당할 수 있는 범위를 벗어난 무분별한 카드 사용을 금하고, 카드를 줄이는 것도 좋은 방법입니다.

또한 보증을 서지 말아야 합니다. 보증은 그 사람이 저지른 모든 경제적 손실을 책임지겠다는 의미입니다. 이것은 가정이 있는 사람이 해서는 안 될 무책임한 행동입니다. 보증을 요구하는 상황은 지혜롭게 피하십시오. 그리고 다른 방식으로 도울 길을 찾아보세요. 특히 친인척 사이의 보증은 모두가 함께 망하는 결과를 가져올 수도 있습니다.

성경은 사랑의 빚 외에는 아무에게도 빚을 지지 말라고 말합니다. 예수님은 우리가 짊어져야 할 죄의 빚을 대신 탕감해 주셨습니다. 그러므로 우리는 주님께 빚이 있습니다. 우리에게 복음을 전해 준 자들에게 빚이 있습니다. 이 사랑의 빚은 즐거운 마음으로 계속 갚아 나가야 합니다.

그러나 절대로 경제적인 빚은 지지 않도록 주의하세요. ♥

037
선한 청지기

말씀 | 누가복음 12:42-44

42 주께서 이르시되 지혜 있고 진실한 청지기가 되어 주인에게 그 집 종들을 맡아 때를 따라 양식을 나누어 줄 자가 누구냐 **43** 주인이 이를 때에 그 종이 그렇게 하는 것을 보면 그 종은 복이 있으리로다 **44** 내가 참으로 너희에게 이르노니 주인이 그 모든 소유를 그에게 맡기리라

묵상을 위한 질문
1. 진실한 청지기는 어떤 일을 하나요? (42절)

2. 청지기가 나누어 주어야 할 "그 집 종"과 "양식"은 각각 무엇을 의미한다고 생각하나요? (42절)

적용
나에게 주신 물질을 선교와 구제에 어떻게 사용할 수 있을까요? 하나님이 맡기신 물질을 교회와 이웃, 그리고 도움이 필요한 사람들을 위해 어떻게 사용할 수 있을지 함께 고민하고 나누어 보세요.

기도
사랑의 하나님, 우리를 선한 청지기로 부르시니 감사합니다. 우리에게 주신 모든 물질이 주님의 것임을 고백하게 하시고, 주님의 영광을 위해 사용하도록 인도해 주세요. 예수님의 이름으로 기도합니다. 아멘.

메시지

그리스도인의 물질관을 한마디로 표현한다면 청지기의 삶입니다. 청지기는 주인의 재물을 맡아 관리하는 자입니다. 즉, 청지기가 가지고 있는 재물은 그의 것이 아니라 주인의 것입니다. 우리가 가진 재물은 하나님에게서 왔으며, 하나님의 나라를 위해 사용되어야 합니다.

다시 말해, '모든 것이 주님에게서 왔고 주님의 것인데 나는 잠시 이 땅에 살면서 이것을 관리하고 있다. 그러므로 주인의 뜻에 맞게 재물을 활용해야 한다'라는 생각이 청지기 의식입니다.

그러나 청지기라도 모두 착하고 선한 것은 아닙니다. 예수님은 주인의 재물을 허비한 자는 주인에게 벌을 받게 된다고 말씀하셨습니다. 이처럼 물질을 바르게 사용하는 것은 바른 신앙과 연관이 있습니다.

오늘 본문에서 예수님은, 맡은 재물을 종들에게 나누어 양식을 공급하며 주님이 오실 때까지 그렇게 하면 복이 있다고 말씀하셨습니다. 그리고 더 큰 보상을 하겠다고 말씀하셨습니다. 이 말씀은, 하나님께서 우리에게 맡기신 물질을 선한 사역자들을 돕는 데 사용하고, 또 직접 하나님의 사역을 위해 사용하는 것을 의미합니다. 그리고 그 일을 주님이 오실 때까지 하는 자가 복되다고 하셨습니다.

이것이 그리스도인의 바른 물질관입니다. 따라서 지금 우리에게는 모든 물질이 주님의 것이며 주님을 향해 쓰여야 한다는 고백이 필요합니다. ♥

038
형식과 정신

말씀 | 누가복음 11:42-44

42 화 있을진저 너희 바리새인이여 너희가 박하와 운향과 모든 채소의 십일조는 드리되 공의와 하나님께 대한 사랑은 버리는도다 그러나 이것도 행하고 저것도 버리지 말아야 할지니라 **43** 화 있을진저 너희 바리새인이여 너희가 회당의 높은 자리와 시장에서 문안 받는 것을 기뻐하는도다 **44** 화 있을진저 너희여 너희는 평토장한 무덤 같아서 그 위를 밟는 사람이 알지 못하느니라

묵상을 위한 질문

1. 바리새인들이 예수님께 책망받은 이유는 무엇인가요? 이것은 십일조와 어떤 연관이 있나요?

2. 예수님은 십일조를 드릴 때 잊지 말아야 할 것이 무엇이라고 말씀하셨나요? (42절)

적용

최근에 십일조를 어떻게 드리고 있나요? 드리지 못했다면 그 이유는 무엇인가요? 십일조에 대한 솔직한 생각을 나누어 보세요.

기도

사랑의 하나님, 우리에게 날마다 좋은 것으로 먹이시니 감사합니다. 물질 때문에 시험에 들지 않게 하시고, 바른 헌금 생활로 복음을 전하는 일에 헌신하게 해 주세요. 예수님의 이름으로 기도합니다. 아멘.

메시지

십일조의 첫 유례는 아브라함이 살렘 왕 멜기세덱에게 드린 것으로 시작되었습니다. 그 이후 족장들이 드렸고 율법에서 정하고 있습니다. 말라기서는 하나님께 마땅히 드려야 할 것을 드리지 않는 행위를 도둑질이라고 경고했습니다.

신약 시대에 예수님은 바리새인들을 향해 십일조에 대해 말씀하셨습니다. 그들은 십일조를 잘 드렸습니다. 박하와 운향과 모든 채소의 십일조를 드렸습니다. 그러나 예수님께 책망을 받았습니다. 예수님이 그들을 책망하신 이유는 십일조를 적게 해서가 아닙니다. 십일조를 형식에 따라 드리긴 했으나, 그 정신을 망각하고 있었기 때문입니다. 그들의 모습은 형식에 찌든 위선자였습니다.

십일조는 형식도 아주 중요합니다. 하지만 그 정신, 하나님을 향한 믿음과 감사의 마음 역시 중요합니다. 주님은 형식과 정신 모두 버리지 말라고 하셨습니다.

십일조는 내 소유의 십분의 일을 주님께 드리는 것이 아니라, 주님께 받은 모든 것 중에 일부를 하나님의 나라를 위해 다시 드리는 것입니다. 이 십일조에는 모든 것이 하나님에게서 왔다는 신앙고백이 포함되어 있어야 합니다.

정직하고 바른 십일조와 헌금은 단순한 의무가 아닙니다. 하나님을 신뢰하여 드리는 신앙고백이자, 그리스도인의 경제관을 세우는 중요한 출발점입니다. ♥

039

준비하는 정성

말씀 | 고린도후서 9:5-8

5 그러므로 내가 이 형제들로 먼저 너희에게 가서 너희가 전에 약속한 연보를 미리 준비하게 하도록 권면하는 것이 필요한 줄 생각하였노니 이렇게 준비하여야 참 연보답고 억지가 아니니라 **6** 이것이 곧 적게 심는 자는 적게 거두고 많이 심는 자는 많이 거둔다 하는 말이로다 **7** 각각 그 마음에 정한 대로 할 것이요 인색함으로나 억지로 하지 말지니 하나님은 즐겨 내는 자를 사랑하시느니라 **8** 하나님이 능히 모든 은혜를 너희에게 넘치게 하시나니 이는 너희로 모든 일에 항상 모든 것이 넉넉하여 모든 착한 일을 넘치게 하게 하려 하심이라

묵상을 위한 질문

1. 헌금을 바르게 드리는 방법은 무엇인가요? (5절)

2. 많이 심는 자가 많이 거둔다는 것은 구체적으로 무엇을 의미하나요? (6절)

적용

주일 헌금을 어떻게 준비하고 있나요? 나의 마음이 하나님을 향한 예배자로 준비되고 있는지 헌금 생활을 돌아보고 함께 나누어 보세요.

기도

사랑의 하나님, 헌금을 드릴 때 우리의 마음이 먼저 예배자로 준비되게 해 주세요. 주위의 눈을 의식하지 않고, 감사와 기쁨으로 정성껏 드리도록 인도해 주세요. 예수님의 이름으로 기도합니다. 아멘.

메시지

그리스도인의 경제관에 있어서 가장 중요한 부분은 헌금 생활입니다. 헌금에 대한 태도와 신실함이 모든 경제관에 그대로 반영되기 때문입니다. 헌금은 얼마를 드리는지가 아니라, 성경적으로 바르게 드리는 것이 중요합니다. 이 정신을 잊으면 자기 의를 드러내는 것으로 악용될 수 있습니다.

헌금은 이 땅에서 우리가 해야 할 가장 중요한 일인 하나님 나라의 확장을 위해 사용됩니다. 우리가 물질을 드리는 이유는 하나님의 영광을 나타내기 위함입니다. 헌금은 하나님께 드리는 예배의 한 요소이므로, 우리는 언제나 정성을 다해야 합니다.

오늘 본문은 어떻게 헌금을 정성껏 드릴 수 있는지에 대해 말합니다. 가장 중요한 점은 준비하는 것입니다. 예물을 준비하는 동안 우리의 마음이 하나님을 향한 예배자로서 준비되기 때문입니다. 그리고 억지로 하지 말 것을 명합니다. 주위의 눈을 의식한 헌금은 자신뿐만 아니라 공동체에도 해롭습니다.

헌금을 드리는 것은 기쁨과 축제가 되어야 합니다. 오늘 본문은 우리의 헌금 생활에 따라 적게 거두기도 하고 많이 거두기도 한다고 말합니다. 헌금은 보상을 기대하며 드리는 것이 아닙니다. '심은 대로 거둔다'는 말씀은 드리는 물질의 양보다 하나님을 향한 태도를 강조합니다. 그러므로 우리는 믿음으로 좋은 것을 심어 하나님께서 주시는 선한 것을 거두는 삶을 살아야 합니다. ♥

040
만족과 행복

말씀 | 빌립보서 4:11-13

11 내가 궁핍하므로 말하는 것이 아니니라 어떠한 형편에든지 나는 자족하기를 배웠노니 12 나는 비천에 처할 줄도 알고 풍부에 처할 줄도 알아 모든 일 곧 배부름과 배고픔과 풍부와 궁핍에도 처할 줄 아는 일체의 비결을 배웠노라 13 내게 능력 주시는 자 안에서 내가 모든 것을 할 수 있느니라

묵상을 위한 질문

1. 바울이 말한 "일체의 비결"은 무엇인가요?

2. 바울이 어떤 상황에서도 자족할 수 있었던 이유는 무엇인가요? (13절)

적용

지금 나의 경제적인 상황은 어떠한가요? 혹시 바울처럼 일체의 비결을 배운 것이 있나요? 가정의 경제가 넉넉할 때와 예상치 못하게 어려워질 때, 어떻게 하나님께서 기뻐하시는 방식으로 살아갈 수 있을지 함께 고민하고 나누어 보세요.

기도

사랑의 하나님, 우리에게 일용할 양식을 주시니 감사합니다. 물질이 하나님을 사랑하는 데 방해가 되지 않게 우리의 마음을 지켜 주세요. 예수님의 이름으로 기도합니다. 아멘.

메시지

부의 축적에 관한 하나님의 말씀은 명확합니다. 솔로몬은 전도서에서 물질은 우리에게 만족을 주지 못하며 아무리 채워도 채워지지 않는다고 했습니다. 지금보다 2배의 돈이 있으면 2배로 더 행복할 것 같지만, 그것은 사실이 아닙니다. 오히려 성경은 지나친 부의 축적을 추구하기보다는 현재의 생활에 만족함을 배우라고 합니다.

오늘 묵상한 말씀은 바울의 선교 사역에 헌금으로 동참한 빌립보 교인들을 향한 바울의 고백입니다. 바울은 물질에 관해서 풍부와 비천, 두 가지 경우를 다 겪어 보았으며 이제는 그 모든 상황에서 자족할 줄 알게 되었다고 고백합니다. 즉 물질이 많은 것이 그에게 우월감을 주거나 물질이 없는 것이 비참함을 주지 못하며, 물질은 그리스도를 향한 열정과 섬김에 아무런 영향을 주지 못했습니다. 왜냐하면 먹고 마실 것을 주님이 채워 주신다는 믿음이 있었으며, 그보다 복음을 전하는 것이 더 중요했기 때문입니다.

바울의 삶은 자족할 줄 아는 그리스도인의 모습입니다. 우리의 삶 역시 물질이 하나님의 섬김에 영향을 주지 않아야 합니다. 바울처럼 그 어떤 경우에도 주님을 섬기는 열정과 헌신에 영향을 주지 못하게 해야 합니다. 그럴 때 우리는 삶의 행복을 누릴 뿐 아니라 하나님을 바르게 경외할 수 있게 됩니다. 주신 물질 안에서 만족함을 누리는 지혜를 배우기 바랍니다. ♥

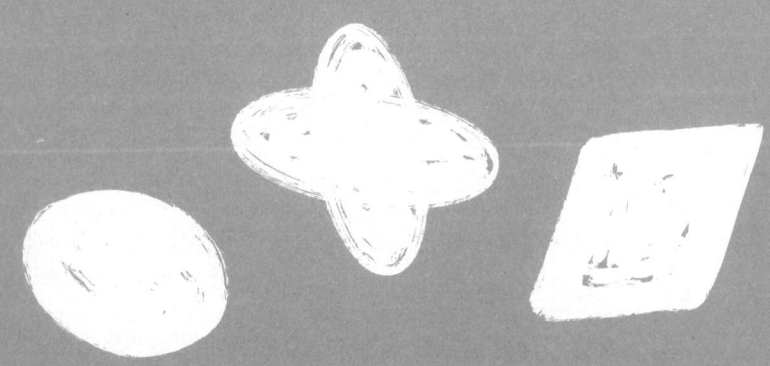

관계

Letter. 피스메이커로 살아가는 은혜

결혼은 두 사람만의 결합이 아니라, 두 가문의 관계를 새롭게 시작하는 전환점이다. 결혼 이후에는 배우자의 가족, 친지들과 얽히며 예상치 못한 갈등과 불편함을 경험한다. 특히 명절과 같은 상황에서 정서적 부담과 역할의 차이로 인해 마음이 상하기도 한다. 한쪽으로 치우치면 서운함이 생기고, 양쪽을 다 만족시키려 하면 자신이 지친다.

이때 필요한 태도는 피스메이커로서 문제를 피하거나 억지로 맞추는 것이 아니라 서로를 이해시키는 다리 역할을 하는 것이다. 미리 대화하고, 상황을 조율하는 작은 노력만으로도 오해를 줄일 수 있다.

결혼 이후 형제자매와의 금전적 문제도 큰 갈등 요소가 될 수 있다. 특히 부모님 부양에 대한 경제적 부담이 고르지 않으면 서운함과 오해가 생긴다. 이럴 때 감정을 외면하거나 논리로만 설득하지 않고, 정직한 대화와 상대방의 형편을 헤아리는 태도를 갖는 것이 중요하다. 부모님을 함께 섬기고자 하는 공동의 마음을 확인하는 것이 관계를 회복하는 핵심이다.

화평은 감정을 억누르며 참는 것이 아니라, 더 깊은 사랑으로 먼저 다가가는 능동적인 태도다. 작은 손 내밂과 따뜻한 눈 맞춤 하나로도 관계는 회복된다. 그리스도의 평강이 마음에 있을 때, 우리는 가족과 교회 공동체 안에서 위로와 은혜의 향기를 전하는 존재가 될 수 있다.

041

친족을 돌아보라

말씀 | 디모데전서 5:4-8

4 만일 어떤 과부에게 자녀나 손자들이 있거든 그들로 먼저 자기 집에서 효를 행하여 부모에게 보답하기를 배우게 하라 이것이 하나님 앞에 받으실 만한 것이니라 **5** 참 과부로서 외로운 자는 하나님께 소망을 두어 주야로 항상 간구와 기도를 하거니와 **6** 향락을 좋아하는 자는 살았으나 죽었느니라 **7** 네가 또한 이것을 명하여 그들로 책망 받을 것이 없게 하라 **8** 누구든지 자기 친족 특히 자기 가족을 돌보지 아니하면 믿음을 배반한 자요 불신자보다 더 악한 자니라

묵상을 위한 질문

1. 가족을 돌보지 않는 자는 어떤 자인가요?

2. '가족을 돌보라'는 말씀을, 새로운 관계가 형성되는 형제/자매의 가정에서 어떻게 실천할 수 있을까요?

적용

가족 중에 믿지 않는 사람이나 어려움을 겪는 사람이 있다면, 그들을 어떻게 돌보고 사랑할 수 있을지 함께 나누어 보세요.

기도

사랑의 하나님, 새로운 가족을 만나게 하시니 감사합니다. 그리스도의 사랑으로 가족들을 돌보며 그들의 필요를 세심하게 살피도록 지혜를 주세요. 시댁과 처가 식구들을 대할 때 그리스도인으로서 아름다운 모습을 보이게 해 주세요. 예수님의 이름으로 기도합니다. 아멘.

메시지

결혼으로 인해 가장 먼저 피부로 느끼는 부분은 배우자의 가족들과의 관계 형성에 따른 어려움입니다. 가족 해체 현상이 사회적으로 만연하더라도 한국 사회는 가족 중심의 혈통사회입니다. 이제 막 결혼한 부부에게 시댁과 처가 식구들은 새로운 부담으로 다가옵니다. 특히 새로운 가족에 대한 부담은 여성이 남성보다 더 클 것입니다.

따라서 지혜롭게 새로운 가족과의 관계를 형성하는 법을 배워야 합니다. 오늘 본문에서 바울은 가정 생활에서 그리스도인들이 행해야 할 삶의 규범들을 가르칩니다. 8절에서 바울은 친족, 특히 가족을 돌보지 않는 자는 믿음을 배반한 자며 불신자보다 더 악한 자라고 강력하게 책망합니다.

가족을 돌보는 것은 그리스도의 사랑을 소유한 우리의 마땅한 의무입니다. 당연히 믿지 않는 사람들도 새로운 가족들을 자기 가족처럼 대하고 사랑하려고 노력합니다. 그렇다면 그리스도인들은 어떤 태도로 가족들을 맞이해야 할까요? 자기 가족과 같은 사랑으로 대하며, 어떤 의미에서는 더 깊은 사랑과 보살핌이 필요합니다.

부부는 서로의 가족과 화합할 수 있도록 배려해야 합니다. 특히 아내가 시댁 식구들과 화목할 수 있도록 남편이 세심히 도와야 하고, 동시에 남편이 느끼는 어려움도 아내가 충분히 이해하고 수용해야 합니다. 무엇보다 배우자의 가정에 소홀하면 안 됩니다. 배우자가 내 가족에게 잘해 주길 원하는 만큼 배우자의 가정에도 관심을 가져 보세요.♥

042
화목하게 하는 직분

말씀 | 고린도후서 5:18-19

18 모든 것이 하나님께로서 났으며 그가 그리스도로 말미암아 우리를 자기와 화목하게 하시고 또 우리에게 화목하게 하는 직분을 주셨으니 **19** 곧 하나님께서 그리스도 안에 계시사 세상을 자기와 화목하게 하시며 그들의 죄를 그들에게 돌리지 아니하시고 화목하게 하는 말씀을 우리에게 부탁하셨느니라

묵상을 위한 질문

1. 화목하게 하는 직분이란 무엇인가요?

2. 하나님과 사람 사이를 화목하게 하는 일은 어떤 것인가요?

적용

주변에 갈등이나 불화가 있는 관계가 있나요? 그럴 때 어떻게 지혜롭게 반응하며 화목하게 하는 직분을 수행할 수 있을지 함께 고민하고 나누어 보세요.

기도

사랑의 하나님, 우리의 죄를 용서하시고 하나님과 화목하게 하신 은혜를 감사합니다. 주님께서 주신 화목하게 하는 직분을 온전히 담당해, 다른 사람을 주님께로 인도하며 사람들 사이에 화평을 이루는 사람이 되게 해 주세요. 예수님의 이름으로 기도합니다. 아멘.

메시지

예수님은 이 땅에 평화를 전하기 위해 오셨습니다. 자신들의 범죄로 인해 하나님과 관계가 깨어진 인류에게 평안은 없었습니다. 그러나 예수님은 우리의 죄를 대속하심으로 하나님과의 막힌 담을 허시고 그분과 화목하게 하셨습니다.

죄는 우리의 평화를 파괴합니다. 마음속에 죄를 품으면 그 마음은 늘 불안할 수밖에 없습니다. 그러나 진리와 말씀 안에 거할 때, 우리는 진정한 평안을 누릴 수 있습니다. 예수님은 친히 화평을 이루시고 우리에게 화목하게 하는 직분을 주셨습니다.

우리는 그리스도의 대사로서 주님을 알지 못하는 자들에게 복음을 전해 하나님과의 평화를 누리도록 해야 합니다. 즉, 화목하게 하는 직분은 복음을 전함으로 수행할 수 있습니다. 또한 우리는 이웃과 가족, 교회 공동체 및 사회에서 만나는 많은 사람들과 화목을 이루는 직분을 담당해야 합니다. 앞으로 두 사람의 교제를 통해 이전에 알지 못했던 사람들과의 새로운 관계를 형성하게 될 것입니다. 그리고 우리가 살아가는 동안 더 많은 사람과 관계를 맺게 될 것입니다.

이렇게 새로운 관계들이 형성될 때마다 관계를 화목하게 하는 역할을 충실히 수행하도록 노력해야 합니다. 무엇보다도 그들에게 복음을 전함으로 그리스도 안에서 누리는 평화를 소유하도록 해야 합니다. 예수님은 이렇게 중요한 화목하게 하는 직분을 우리에게 맡기셨습니다. ♥

043
네 부모를 공경하라

말씀 | 마태복음 15:1-6

1 그 때에 바리새인과 서기관들이 예루살렘으로부터 예수께 나아와 이르되 2 당신의 제자들이 어찌하여 장로들의 전통을 범하나이까 떡 먹을 때에 손을 씻지 아니하나이다 3 대답하여 이르시되 너희는 어찌하여 너희의 전통으로 하나님의 계명을 범하느냐 4 하나님이 이르셨으되 네 부모를 공경하라 하시고 또 아버지나 어머니를 비방하는 자는 반드시 죽임을 당하리라 하셨거늘 5 너희는 이르되 누구든지 아버지에게나 어머니에게 말하기를 내가 드려 유익하게 할 것이 하나님께 드림이 되었다고 하기만 하면 6 그 부모를 공경할 것이 없다 하여 너희의 전통으로 하나님의 말씀을 폐하는도다

묵상을 위한 질문

1. 바리새인들은 어떤 문제로 유전(전통)에 관한 문제를 제기했나요?

2. 왜 부모님에게 드릴 것을 하나님께 드리는 행동이 잘못된 것인가요?

적용

최근 부모님과 관계는 어떤가요? 혹시 소홀했던 부분이 있다면 돌아보고, 어떻게 하면 감사와 사랑을 더 표현할 수 있을지 구체적인 방법을 함께 나누어 보세요.

기도

사랑의 하나님, 우리에게 좋은 부모님을 주시고 그분들의 사랑과 보살핌 속에서 자라게 하시니 감사합니다. 우리가 주님의 말씀을 잘 듣고 부모님께 진심으로 효도하는 자녀가 되게 해 주세요. 예수님의 이름으로 기도합니다. 아멘.

메시지

하나님의 계명은 한마디로 요약하면 '사랑하라'입니다. 예수님은 새 계명을 주시는데 그 계명이 바로 서로 사랑하는 것이라고 하셨습니다. 그리고 사랑의 계명을 지키는 두 가지 측면이 있습니다. 첫째는 하나님을 사랑하는 것이고, 둘째는 사람을 사랑하는 것입니다.

사람을 사랑하는 계명 중에 첫 번째가 부모를 공경하는 것입니다. 이것은 하나님께서 하신 명령입니다. 우리가 부모를 공경해야 할 여러 이유가 있지만, 무엇보다 부모는 우리가 이 땅에서 살아가는 동안 하나님을 대신해 우리를 돌보는 존재입니다. 부모는 부모이기 때문에 존경과 공경을 받아야 합니다. 진리에 위배되지 않는다면 할 수 있는 한 순종하며 그분들을 공경해야 합니다.

또한 새롭게 관계를 맺는 배우자의 부모도 같은 부모입니다. 물론 관계가 어려울 수도 있고 친부모만큼 마음이 생기지 않을 수도 있습니다. 그러나 이것은 주님의 명령이며, 우리가 해야 할 마땅한 도리입니다. 그러므로 최선을 다해 그분들을 공경하는 방법을 배워야 합니다.

예수님은 부모에게 드릴 것을 하나님께 드리는 것이 잘못되었다고 말씀하셨습니다. 부모를 공경하는 마음을 하나님께서 보십니다. 하나님은 부모를 공경하는 자에게 땅에서 잘 되고 장수하는 복을 주시겠다고 약속하셨습니다. 그러므로 우리는 말씀에 순종해 부모를 공경하는 자녀로 살아가야 합니다. ♥

044
우선순위

말씀 | 마태복음 6:31-34

31 그러므로 염려하여 이르기를 무엇을 먹을까 무엇을 마실까 무엇을 입을까 하지 말라 **32** 이는 다 이방인들이 구하는 것이라 너희 하늘 아버지께서 이 모든 것이 너희에게 있어야 할 줄을 아시느니라 **33** 그런즉 너희는 먼저 그의 나라와 그의 의를 구하라 그리하면 이 모든 것을 너희에게 더하시리라 **34** 그러므로 내일 일을 위하여 염려하지 말라 내일 일은 내일이 염려할 것이요 한 날의 괴로움은 그 날로 족하니라

묵상을 위한 질문

1. 먼저 해야 할 일이 무엇인가요? (33절) 그리고 이것은 무엇보다 더 중요한가요?

2. 나는 여러 관계 중에서 무엇을 가장 우선순위에 두고 있나요?

적용

나의 우선순위가 실제 관계에서 어떻게 나타나고 있나요? 특별히 하나님과의 관계는 내 삶에서 어떤 모습으로 자리하고 있나요? 이 부분을 돌아보고 함께 나누어 보세요.

기도

사랑의 하나님, 우리를 먹이시고 입히시는 보호자 되심에 감사합니다. 우리에게 무엇이 더 중요한지를 구별할 수 있는 지혜를 주시기 원합니다. 하나님을 내 삶의 가장 우선에 두게 해 주세요. 예수님의 이름으로 기도합니다. 아멘.

메시지

사람들에게는 우선순위가 필요합니다. 우선순위란 여러 일들이 중복될 때, 무엇이 중요한가 혹은 급한가에 따라 결정해 처리하는 순서를 말합니다. 예를 들어, 예배 시간과 중요한 일정이 겹칠 때 무엇을 선택할지 고민할 때가 있습니다. 혹은 가정과 직장에 동시에 일이 생길 때, 무엇을 먼저 할지 결정해야 하는 경우도 있습니다. 세상 사람들은 보통 자신의 가치와 신념에 따라 우선순위를 결정합니다.

그렇다면 그리스도인들의 우선순위는 어떠한가요? 그리스도인들의 삶의 우선순위는 첫째 하나님을 경외하는 것, 둘째 이웃을 사랑하는 것, 셋째 자신의 일을 돌아보는 것입니다. 이 우선순위는 관계를 형성하고 만들어 가는 데도 중요한 역할을 합니다. 하지만 성도라고 해서 모두 이 순서를 따라 살지는 않습니다. 신앙이 미성숙한 사람은 늘 자기중심적인 삶을 살아갑니다.

우리는 뱀처럼 지혜롭고 비둘기처럼 순결해야 합니다. 또한 심한 다툼이나 어려움은 피해 갈 수 있는 지혜를 발휘해야 합니다. 그러나 근본적인 순서 자체가 바뀌어서는 안 되겠습니다. 진리 안에 바로 서 있을 때 더 아름답고 좋은 관계를 형성할 수 있습니다.

한정된 시간 안에서 가정, 직장, 교회의 일들을 담당하려면 우선순위를 결정하는 것이 필요합니다. 물론 너무 세부적인 상황까지 순서를 정하기는 어려울 수 있지만, 두 사람이 지혜를 모아 이 순서를 확인해 가는 과정이 중요합니다. ♥

045
진리와 화목

말씀 | 마태복음 10:34-39

34 내가 세상에 화평을 주러 온 줄로 생각하지 말라 화평이 아니요 검을 주러 왔노라 **35** 내가 온 것은 사람이 그 아버지와, 딸이 어머니와, 며느리가 시어머니와 불화하게 하려 함이니 **36** 사람의 원수가 자기 집안 식구리라 **37** 아버지나 어머니를 나보다 더 사랑하는 자는 내게 합당하지 아니하고 아들이나 딸을 나보다 더 사랑하는 자도 내게 합당하지 아니하며 **38** 또 자기 십자가를 지고 나를 따르지 않는 자도 내게 합당하지 아니하니라 **39** 자기 목숨을 얻는 자는 잃을 것이요 나를 위하여 자기 목숨을 잃는 자는 얻으리라

묵상을 위한 질문

1. 어떤 자가 하나님의 나라에 합당하지 않을까요?

2. 복음 때문에 갈등이 생길 때 우리는 어떻게 해야 할까요?

적용

가족 중에 복음을 받아들이지 않거나 반대하는 사람이 있나요? 그들을 위해 어떤 태도로 신앙을 지키며 복음을 전할 수 있을지 함께 고민하고 나누어 보세요.

기도

사랑의 하나님, 하나님을 섬기고 사랑하는 일을 첫 번째 우선순위에 두게 해 주세요. 믿지 않는 가족이나 친척들의 핍박이 있을 때 지혜롭게 이기며 더 나아가 그들을 전도할 수 있게 해 주세요. 예수님의 이름으로 기도합니다. 아멘.

메시지

오늘 본문은 다소 난해한 부분이 없지 않습니다. 성경의 여러 말씀에서 예수님은 평화를 주러 오신 분이라고 하셨으나, 여기서는 검을 주러 왔으며 분쟁이 일어날 것이라고 하십니다. 성경 말씀은 문맥적인 접근을 통해 해석해야 합니다. 본문의 한 부분만 따서 예수님이 오신 이유는 '불화를 주러 왔다'라고 하는 것은 잘못된 해석입니다. 이 본문이 전체에서 어떤 부분인지 살피는 것이 중요합니다.

이미 16절부터 예수님은 복음을 전파하는 과정에서 나타날 핍박에 대해 말씀하셨습니다. 특히 이 핍박은 가까운 사람들로 인한 것입니다. 처음 우리나라에 복음이 들어왔을 때, 성도들은 제사 문제로 가족들로부터 심한 핍박을 받았습니다. 예수님을 믿음으로 우리는 하나님과 화평을 누리지만 마귀가 속한 세상과는 불화가 조성됩니다. 그리고 믿지 않는 가족들은 우리를 핍박할 것입니다.

정리해 보면, 이 본문은 하나님과 화평을 이룸으로써 당하게 될 핍박, 즉 예수님을 믿음으로 당하는 핍박을 의미합니다. 그리고 예수님은 이 핍박을 감수하는 것이 자기의 십자가를 지는 것이며 제자의 자격이라고 말씀하셨습니다.

우리는 가족, 그리고 모든 사람과 화평해야 합니다. 그러나 그들과 화평하기 위해 진리를 포기하거나 하나님의 화평을 버려서는 안 됩니다. 둘 다 얻을 수 있으면 좋지만, 그렇지 않을 때는 진리를 붙들고 견고히 서야 합니다. 그리고 믿지 않는 사람들을 위해 계속 기도해야 합니다. ♥

046

재물과 화목

말씀 | 잠언 15:16-17

16 가산이 적어도 여호와를 경외하는 것이 크게 부하고 번뇌하는 것보다 나으니라
17 채소를 먹으며 서로 사랑하는 것이 살진 소를 먹으며 서로 미워하는 것보다 나으니라

묵상을 위한 질문

1. 가정에서 가장 소중하게 여겨야 할 것은 무엇인가요?

2. 재물이 많으면 생기는 것이 무엇인가요? (16절)

적용

물질 문제로 가정에 갈등이 생길 때 우리는 어떻게 해야 할까요? 각자의 경험을 솔직하게 나누어 보세요. 앞으로 이런 문제가 생겼을 때 어떻게 해결할 수 있을지 함께 생각해 보고, 성경적인 해결 방법과 원칙을 세워 보세요.

기도

사랑의 하나님, 좋은 가정을 주셔서 감사합니다. 물질과 세상적인 욕심으로 가정을 망가뜨리지 않고, 주님의 말씀을 따라 나누고 섬김으로 하나님의 나라를 가정에서 실현하도록 인도해 주세요. 무엇보다 물질의 노예가 되지 않게 도와주세요. 예수님의 이름으로 기도합니다. 아멘.

메시지

돈은 사람들에게 많은 유익을 줍니다. 생활의 편리를 제공하며, 자본주의 사회에서는 높은 직위를 허락하기도 합니다. 그러나 잘못된 재정 사용은 주변 사람과 가족을 잃게 하기도 합니다. 우리는 여러 매체를 통해 엄청난 부자들이 유산 문제로 법정에서 다투는 모습을 봅니다. 돈은 가질수록 더 갖고 싶어집니다. 그러나 그것은 절대 우리에게 만족을 주지 않으며, 오히려 갈증을 증폭시킵니다.

성경은 돈보다 가족이 더 중요하다는 것을 분명히 말하고 있습니다. 가난하면서 여호와를 경외하는 것이 부하면서 번뇌하는 것보다 낫고, 채소를 먹으면서 사랑을 나누는 것이 소를 먹으면서 미워하는 것보다 낫습니다. 사회에서 승진하더라도 가정을 잃는다면 이는 실패한 인생입니다. 또한 재물은 분쟁을 일으킬 많은 요소를 갖고 있습니다.

사람들은 가난하면서 화목한 것보다 부하면서 화목하면 더 좋지 않을까 생각합니다. 그 경지에 이르려면 아브라함과 같은 믿음이 있어야 합니다. 아브라함은 롯의 종들과 자신의 종들이 다툴 때 더 좋은 땅을 조카에게 양보했습니다. 이처럼 그는 물질보다 가족의 사랑을 선택했습니다.

세상은 가족보다 승진과 물질을 얻는 데 힘을 쏟으라고 말할 것입니다. 이는 사탄의 교묘한 속임수입니다. 다른 곳에서 실패하더라도 가정에서는 반드시 승리하세요. 물질과 가족 간의 사랑이 충돌할 때, 물질을 포기하고 가정을 얻어야 합니다. ♥

047

교제

말씀 | 사도행전 2:43-47

43 사람마다 두려워하는데 사도들로 말미암아 기사와 표적이 많이 나타나니 **44** 믿는 사람이 다 함께 있어 모든 물건을 서로 통용하고 **45** 또 재산과 소유를 팔아 각 사람의 필요를 따라 나눠 주며 **46** 날마다 마음을 같이하여 성전에 모이기를 힘쓰고 집에서 떡을 떼며 기쁨과 순전한 마음으로 음식을 먹고 **47** 하나님을 찬미하며 또 온 백성에게 칭송을 받으니 주께서 구원 받는 사람을 날마다 더하게 하시니라

묵상을 위한 질문

1. 초대교회 성도들은 어떤 모습으로 교제를 했나요?

2. 교제를 통해 나타난 결과는 어떠했나요? (47절)

적용

그리스도인 친구들이나 공동체와 어떻게 정기적으로 교제하고 있나요? 그 관계들이 우리의 신앙 생활과 일상에 어떤 도움을 주고 있는지 나누고, 더 깊은 영적 교제를 위해 무엇을 할 수 있을지 고민해 보세요.

기도

사랑의 하나님, 우리의 모임 중에 계시니 감사합니다. 우리들의 교제 속에 그리스도의 아름다운 향기가 나타나게 도와주세요. 그리고 우리에게 좋은 신앙의 친구와 공동체를 허락해 주시길 원합니다. 예수님의 이름으로 기도합니다. 아멘.

메시지

가정의 문화는 좋은 이웃과의 만남을 통해 이루어집니다. 철이 철을 날카롭게 하는 것처럼 친구가 그 얼굴을 빛낸다고 했습니다. 좋은 친구들과의 교제는 우리의 신앙과 가정 생활에 더 큰 유익을 줍니다. 일반적으로 사람들이 예수님을 영접한 후 신앙이 더 깊어지지 못하는 경우를 살펴보면, 고민을 나누고 공유할 수 있는 교제가 없기 때문입니다.

만일 형제나 자매가 초신자라면 한 교회를 정하고 그 교회에서 비슷한 연령으로 구성된 그룹에 편성되는 것이 중요합니다. 신앙은 사람들과의 만남을 통해 더욱 깊어집니다. 만일 신앙 생활을 계속하면서도 늘 세상적인 친구를 만나며 음주와 세상의 문화가 그 모임을 지배한다면, 신앙 생활에 적색경보가 오는 것은 당연한 일입니다.

초대교회 성도들은 그리스도인들 간의 깊은 영적 교제가 있었습니다. 이 교제를 통해 하나님 나라의 모습을 경험하고 많은 사람들이 예수님을 영접하게 됐으며, 그 모임을 통해 하나님께 영광을 돌리는 일을 했습니다. 그들은 서로의 필요를 교제를 통해 채웠고, 신앙과 삶을 나눌 뿐 아니라 물질을 나눔으로 도움을 주기도 했습니다.

그러므로 함께 신앙 생활을 할 수 있는 좋은 공동체와 친구들을 만나기 위해 기도해야 합니다. 신앙이 깊어질수록 믿음의 식구들과의 교제도 더욱 깊어지고 풍성해지기를 바랍니다. ♥

감정

Letter. 말씀으로 다스리고, 사랑으로 나누는 마음의 온도

사람은 감정의 존재다. 기쁨과 슬픔, 분노와 평안, 두려움과 기대는 우리를 살아 있게도 하고 지치게도 한다. 감정 자체는 죄가 아니며, 하나님이 주신 고유한 선물이다. 문제는 감정을 어떻게 다루고 반응하느냐에 있다. 가정은 사랑을 나누는 곳이지만, 동시에 상처와 분노, 불안이 쉽게 드러나는 공간이기도 하다. 가까울수록 말 한마디, 표정 하나에 상처받을 수 있다.

성경은 감정을 억누르기보다 하나님 앞에 솔직히 드러내는 태도를 강조한다. 시편의 다윗처럼 분노와 고통을 숨기지 않고 고백하며, 하나님의 위로와 치유를 구하는 것이 정서적 건강의 시작이다. 감정은 말씀 앞에 드려질 때 회복의 통로가 될 수 있다. 동시에 기쁨과 감사, 위로와 공감을 적극적으로 나누는 삶이 필요하다.

건강한 감정 표현은 경청에서 시작된다. 누군가가 감정으로 메시지를 전할 때, 논리보다 마음을 읽으려는 노력이 중요하다. 날카로운 말 뒤에 숨겨진 두려움이나 상처를 바라볼 수 있다면, 그 순간은 갈등이 아니라 치유의 기회가 된다.

감정을 경청하고, 품어 주고, 말씀으로 함께 다스리는 가정은 사랑의 깊이를 더해 간다. 그렇게 감정은 파괴의 도구가 아니라, 사랑의 깊이를 더하는 통로가 된다. 하나님은 우리에게 감정을 주셨다. 그 감정을 통해 울고 웃으며 서로를 이해하고, 함께 살아가기를 원하신다.

048
과거로부터 자유함

말씀 | 고린도후서 5:16-19

16 그러므로 우리가 이제부터는 어떤 사람도 육신을 따라 알지 아니하노라 비록 우리가 그리스도도 육신을 따라 알았으나 이제부터는 그같이 알지 아니하노라 **17** 그런즉 누구든지 그리스도 안에 있으면 새로운 피조물이라 이전 것은 지나갔으니 보라 새 것이 되었도다 **18** 모든 것이 하나님께로서 났으며 그가 그리스도로 말미암아 우리를 자기와 화목하게 하시고 또 우리에게 화목하게 하는 직분을 주셨으니 **19** 곧 하나님께서 그리스도 안에 계시사 세상을 자기와 화목하게 하시며 그들의 죄를 그들에게 돌리지 아니하시고 화목하게 하는 말씀을 우리에게 부탁하셨느니라

묵상을 위한 질문

1. 우리는 언제 어디에서 새로워졌나요?

2. 새롭게 된 피조물이 해야 할 일은 무엇인가요? (사 65:17 참조)

적용

과거의 부정적인 경험이 현재의 결정에 영향을 미치고 있지는 않나요? 서로의 경험을 솔직하게 나누고, 어떻게 극복할 수 있을지 함께 고민해 보세요.

기도

사랑의 하나님, 그리스도 안에서 거듭난 우리의 삶이 날마다 새롭게 태어나도록 도와주세요. 마귀가 과거의 부정적인 생각으로 흔들 때도 십자가 은혜로 새 힘을 얻게 해 주세요. 예수님의 이름으로 기도합니다. 아멘.

메시지

우리는 과거의 경험을 통해 미래를 예측합니다. 그래서 '부정적인 경험들이 미래에 반복되지 않을까'라는 생각을 합니다. 그뿐 아니라 과거의 잘못된 일들은 현재와 미래를 왜곡된 시각으로 보게 합니다.

이러한 왜곡된 자아상과 상처는 부모와의 관계, 즉 부모의 건강하지 못한 양육 태도에서 큰 영향을 받습니다. 그리고 자신이 원치 않았던 크고 작은 부정적인 사건들이 현재의 결정에 영향을 미칩니다. 이처럼 우리의 결정과 선택은 치유되지 못한 과거의 자아로부터 출발합니다.

예를 들어, 부모에게 인정받지 못한 사람은 성장한 후에 모든 것을 완벽하게 하려는 경향이 있습니다. 또한 부모와 깊은 사랑을 나누지 못한 사람은 사람들과 깊은 관계를 형성하지 못합니다.

이제는 과거의 사람들과 경험들이 나의 현재와 미래를 지배하지 못하게 해야 합니다. 하나님은 우리를 창조한 분이십니다. 그리고 지금도 아름답게 창조해 가십니다. 성령님께 나의 연약함을 의탁해 보세요. 그럴 때 주님께서 주시는 평안을 누리게 될 것입니다.

누구도 과거로부터 자유로울 수 없습니다. 그러나 우리는 그리스도 안에서 새로운 피조물로 빚어져 다시 태어났습니다. 주님은 지금도 우리를 새롭게 창조해 가십니다. 성령님의 인도하심을 구하며 모든 것을 주님께 의탁해 보세요. ♥

049

분노

말씀 | 에베소서 4:26-32

26 분을 내어도 죄를 짓지 말며 해가 지도록 분을 품지 말고 27 마귀에게 틈을 주지 말라 28 도둑질하는 자는 다시 도둑질하지 말고 돌이켜 가난한 자에게 구제할 수 있도록 자기 손으로 수고하여 선한 일을 하라 29 무릇 더러운 말은 너희 입 밖에도 내지 말고 오직 덕을 세우는 데 소용되는 대로 선한 말을 하여 듣는 자들에게 은혜를 끼치게 하라 30 하나님의 성령을 근심하게 하지 말라 그 안에서 너희가 구원의 날까지 인치심을 받았느니라 31 너희는 모든 악독과 노함과 분냄과 떠드는 것과 비방하는 것을 모든 악의와 함께 버리고 32 서로 친절하게 하며 불쌍히 여기며 서로 용서하기를 하나님이 그리스도 안에서 너희를 용서하심과 같이 하라

묵상을 위한 질문

1. 분을 내어도 죄를 짓지 말라는 말씀의 의미를 생각해 보세요.

2. 우리가 버려야 할 것은 무엇인가요? (31절)

적용

분노가 일어날 때 나는 어떻게 행동하나요? 그리고 그 분노를 어떻게 다스리고 있나요? 분노가 일어날 때 어떻게 지혜롭게 대처할 수 있을지 함께 나누어 보세요.

기도

사랑의 하나님, 때로는 우리의 연약함과 미숙함으로 분노가 일어나더라도 지혜롭게 피해 가며 죄를 짓지 않도록 인도해 주세요. 시간이 지날수록 더욱 주님의 성품을 닮아 가게 해 주세요. 예수님의 이름으로 기도합니다. 아멘.

메시지

사람들은 감정을 가지고 있습니다. 이 감정은 하나님이 우리에게 주신 것입니다. 이 중에는 긍정적인 감정들도 있지만 부정적인 감정들도 있습니다. 분노는 타인으로부터 정당한 대우를 받지 못했다고 느낄 때 일어나는 불쾌한 감정입니다.

통제되지 않은 분노는 관계를 파괴하고 깊은 상처를 남깁니다. 특히 사랑하는 사람들 간에 분노하는 경우는 자신이 사랑하는 만큼 상대가 나를 사랑하지 않는다고 여기거나, 마땅히 대우를 받을 수 있는 권리가 있는데 이를 받지 못했다는 감정들이 쌓여 폭발하는 것입니다. 이러한 분노의 표출을 당연히 여겨서는 안 됩니다. 하나님 앞에서 감정의 미성숙함을 인정하며 자신의 성품이 하나님의 성품을 닮아 가도록 힘써야 합니다.

분노가 일어날 때, 왜 분노가 일어나고 있는지 마음의 상태를 살피는 것이 중요합니다. 모든 일에는 원인이 있습니다. 그 원인을 살피고 자신의 권리를 포기하는 훈련을 해 보세요. 예수님이 그렇게 하셨듯이 마땅하다고 생각하는 권리를 포기하고 겸손해질 때 분노는 해결되며 그리스도의 성품이 나타나게 됩니다.

분노는 하나님의 의를 이루지 못합니다(약 1:20). 그리고 분노는 분노를 낳게 되어 피폐한 관계를 형성하게 됩니다. 그러나 이러한 감정들은 그리스도 안에서 새롭게 될 수 있습니다. 주님께서 은혜를 베푸실 것입니다. ♥

050
근심

말씀 | 빌립보서 4:4-7

4 주 안에서 항상 기뻐하라 내가 다시 말하노니 기뻐하라 **5** 너희 관용을 모든 사람에게 알게 하라 주께서 가까우시니라 **6** 아무 것도 염려하지 말고 다만 모든 일에 기도와 간구로, 너희 구할 것을 감사함으로 하나님께 아뢰라 **7** 그리하면 모든 지각에 뛰어난 하나님의 평강이 그리스도 예수 안에서 너희 마음과 생각을 지키시리라

묵상을 위한 질문

1. 염려 대신 우리가 해야 할 일은 무엇인가요?

2. 하나님께 아뢸 때 그분이 어떻게 해 주시나요?

적용

최근에 내가 가장 많이 하는 근심은 무엇인가요? 혹시 하나님을 온전히 신뢰하지 못해서 생기는 것은 아닌지 돌아보고, 이를 극복할 방법을 함께 나누어 보세요.

기도

사랑의 하나님, 우리의 삶을 지켜 주시니 감사합니다. 늘 우리를 먹이시고 입히시며 우리보다 우리를 더 사랑하시는 주님의 사랑을 깨닫게 해 주시고, 근심할 때 주님을 깊이 신뢰하는 믿음을 더해 주세요. 예수님의 이름으로 기도합니다. 아멘.

메시지

근심은 미래를 부정적으로 보는 것을 의미합니다. '앞으로 잘못되면 어떻게 하지?' '혹시 실패하면 어떻게 하지?' 같은 부정적인 생각들이 근심이 됩니다. 이처럼 근심은 마음의 평안을 빼앗아 가며, 심한 경우에는 육신의 질병을 초래하기도 합니다.

예수님은 무엇을 먹을까 무엇을 입을까로 근심하는 사람들을 향해 하나님께서 하시는 일들을 말씀해 주셨습니다. 일하지 않는 참새도 먹이시고 노동하지 않는 들에 핀 백합화에게 솔로몬보다 더 아름다운 모습을 갖게 하셨습니다.

하나님은 미래에 대해 근심하는 것이 얼마나 어리석은 일인지를 말씀하셨습니다. 이 근심은 하나님을 향한 믿음의 부족에서 옵니다. 따라서 우리는 온전히 하나님께 시선을 고정해야 합니다.

또한 매일 깊은 묵상과 기도를 통해 마음속의 그릇된 생각을 말씀으로 바로잡아야 합니다. 이로써 하나님을 의지하며 그분이 주시는 큰 평안을 누리게 될 것입니다.

많은 사람들이 쓸데없는 문제로 인해 근심한다고 합니다. 정작 자신의 삶에 밀접한 문제로 근심하는 경우는 적다는 이야기입니다. 우리의 관점이 먹고사는 문제에서 하나님의 나라로, 물질적인 데서 영적이며 경건함으로 변화될 때 근심을 극복할 수 있습니다. ♥

051
내 은혜가 네게 족하다

말씀 | 고린도후서 12:7-10

7 여러 계시를 받은 것이 지극히 크므로 너무 자만하지 않게 하시려고 내 육체에 가시 곧 사탄의 사자를 주셨으니 이는 나를 쳐서 너무 자만하지 않게 하려 하심이라 **8** 이것이 내게서 떠나가게 하기 위하여 내가 세 번 주께 간구하였더니 **9** 나에게 이르시기를 내 은혜가 네게 족하도다 이는 내 능력이 약한 데서 온전하여짐이라 하신지라 그러므로 도리어 크게 기뻐함으로 나의 여러 약한 것들에 대하여 자랑하리니 이는 그리스도의 능력이 내게 머물게 하려 함이라 **10** 그러므로 내가 그리스도를 위하여 약한 것들과 능욕과 궁핍과 박해와 곤고를 기뻐하노니 이는 내가 약한 그 때에 강함이라

묵상을 위한 질문

1. 바울은 무엇을 위해 기도했나요?

2. 그 기도에 대한 응답은 무엇이었나요? 하나님께서 바울을 완전하게 하시지 않은 이유는 무엇인가요?

적용

때로 완벽하려는 마음 때문에 스스로를 힘들게 하지는 않나요? 완벽하지 않은 나의 모습을 인정하며, 서로의 부족함을 이해하고 배려할 수 있는 구체적인 방법을 함께 나누어 보세요.

기도

사랑의 하나님, 우리에게 크신 은혜를 베푸시니 감사합니다. 우리가 완전하지 못하고 실수하고 좌절할 때마다 더욱 주님을 의지하게 하시고 주님의 크신 은혜를 경험하는 시간이 되게 해 주세요. 예수님의 이름으로 기도합니다. 아멘.

메시지

때때로 우리는 모든 면에서 완벽주의자가 되곤 합니다. 완벽주의란 자신이 세운 기준에 조금이라도 미치지 못하면 스스로 실패했다고 여기고, 다른 사람도 만족하지 못할 것이라고 생각하는 태도입니다.

이러한 성향은 완벽함을 요구하는 부모로부터 영향을 받는 경우가 많습니다. 늘 완벽하게 무엇인가를 해야만 인정받을 수 있다고 생각하는 태도는 하나님과 가족에게도 그대로 투영됩니다. 그리하여 가정과 배우자, 그리고 자신까지 완벽하게 하려는 마음은 오히려 불안과 낙망을 가져오며 관계를 힘들어지게 합니다.

그러나 분명히 기억해야 할 것은 하나님은 단 한번도 우리에게 완벽함을 요구하지 않으셨으며, 우리는 완벽한 존재가 아니라는 사실입니다. 주님은 우리의 연약함을 아시고 우리가 실수와 허물이 많은 인간인 것도 아십니다(히 4:15).

주님께서 우리에게 원하시는 것은 완전한 삶이 아니라, 넘어지고 좌절하더라도 다시 일어나 주님을 닮아 가며 거룩을 향해 나아가는 삶입니다. 이는 날마다 주님의 은혜 앞에 나아가는 훈련을 통해 이루어집니다. 그렇게 우리는 조금씩 그리스도를 닮아 가게 됩니다.

이 과정은 점진적이어야 합니다. 시간이 지날수록 그리스도를 아는 은혜의 깊이가 더 깊어져야 합니다. 내가 약할 때 하나님이 나의 강함이 되심을 기억하세요. ♥

052
로뎀나무 아래서

말씀 | 열왕기상 19:3-8

3 그가 이 형편을 보고 일어나 자기의 생명을 위해 도망하여 유다에 속한 브엘세바에 이르러 자기의 사환을 그 곳에 머물게 하고 4 자기 자신은 광야로 들어가 하룻길쯤 가서 한 로뎀 나무 아래에 앉아서 자기가 죽기를 원하여 이르되 여호와여 넉넉하오니 지금 내 생명을 거두시옵소서 나는 내 조상들보다 낫지 못하니이다 하고 5 로뎀 나무 아래에 누워 자더니 천사가 그를 어루만지며 그에게 이르되 일어나서 먹으라 하는지라 6 본즉 머리맡에 숯불에 구운 떡과 한 병 물이 있더라 이에 먹고 마시고 다시 누웠더니 7 여호와의 천사가 또 다시 와서 어루만지며 이르되 일어나 먹으라 네가 갈 길을 다 가지 못할까 하노라 하는지라 8 이에 일어나 먹고 마시고 그 음식물의 힘을 의지하여 사십 주 사십 야를 가서 하나님의 산 호렙에 이르니라

묵상을 위한 질문

1. 엘리야가 로뎀나무 아래 있을 때는 어떤 상태였나요?

2. 하나님은 어떤 방법으로 엘리야를 회복시키셨나요? 8절 이후의 말씀도 찾아 읽어 보세요.

적용

마음이 지치고 우울해질 때가 있나요? 어떤 이유로 그런 마음이 찾아왔는지, 하나님 안에서 어떻게 새 힘을 얻을 수 있었는지 나누어 보세요. 혹시 아직 회복하지 못했다면, 어떻게 해야 할지 함께 고민해 보세요.

기도

사랑의 하나님, 우리가 지치고 낙망해 쓰러지려 할 때 내 영혼을 도우시는 하나님만을 바라보기 원합니다. 주님의 도우심을 통해 날마다 새 힘을 얻고 다시 회복되게 해 주세요. 예수님의 이름으로 기도합니다. 아멘.

메시지

엘리야는 혼자서 바알과 아세라 선지자들을 물리치고 백성들의 마음을 하나님께로 돌이켰습니다. 그러나 큰 승리 뒤에 온 이세벨의 협박은 선지자를 깊은 낙망과 우울함으로 몰아넣었고, 그는 하나님께 죽기를 간청했습니다. 이에 하나님은 우울함에 빠진 선지자를 회복시키기 시작하셨습니다.

우울함은 정도의 차이는 있지만, 보통 깊은 낙심과 절망으로 인해 기쁨을 잃어버린 상태를 말합니다. 원인은 다양할 수 있는데, 신체적이거나 환경적인 요인, 외부의 어려움 때문일 수도 있고, 때로는 죄로 인해 찾아오기도 합니다.

누구든지 낙심하거나 때로는 우울한 마음이 생길 수 있습니다. 그럴 때 우리는 쉽게 좌절하지만, 오히려 하나님을 더 깊이 의지할 기회가 되기도 합니다. 그때 엘리야를 치유하신 하나님의 방법을 기억하기 바랍니다. 먼저 하나님은 천사를 통해 먹을 것을 주시고 깊은 잠을 자게 하심으로 건강을 회복시키셨습니다. 우울함이 찾아올 때는 몸을 건강하게 하고 충분한 휴식을 갖는 것이 우선입니다. 많이 먹고 충분히 쉬면 일단 어느 정도 힘이 생깁니다.

그리고 하나님은 선지자에게 음성을 들려주셨습니다. 육체의 회복이 시작되면 말씀을 공부하고 주님의 말씀을 묵상해 보세요. 선지자의 회복은 주님의 말씀으로부터 왔습니다. 우울함이 찾아올 때 로뎀나무 아래 있던 엘리야를 회복시키신 하나님의 방법을 떠올려 보세요. 낙망할 때 우리는 하나님을 바라보아야 합니다(시 43:5). ♥

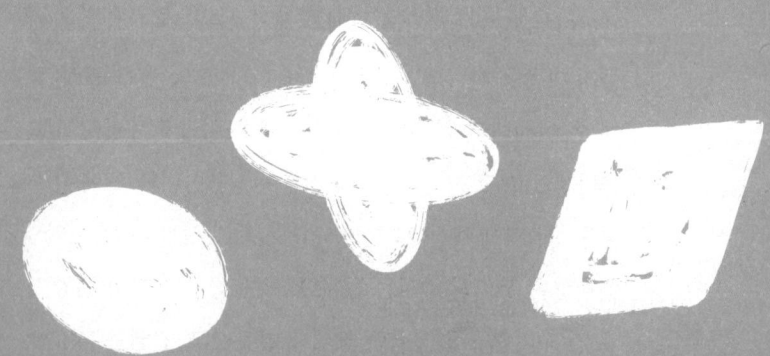

비전

Letter. 함께 바라볼 때 이루어지는 하나님의 꿈

결혼은 단순한 동반자가 되는 것이 아니라, 하나님의 뜻을 함께 이루어 가는 인생의 동역자가 되는 여정이다. 하나님은 부부를 통해 서로의 부족함을 채우고 가능성을 격려하게 하시며, 공동의 비전을 품고 이루어 가는 사명을 맡기신다.

가정은 하나님이 주신 작은 공동체이자 하나님 나라의 전초기지다. 부부가 함께 말씀과 기도로 비전을 세우고 살아갈 때, 그 가정은 단순한 생계의 단위가 아니라 하나님의 뜻을 이 땅에서 펼치는 장소가 된다.

현실은 늘 비전을 흔든다. 경제적 부담, 자녀 문제, 갈등과 피로 속에서 비전은 자주 희미해진다. 그러나 이러한 상황은 오히려 비전을 점검하고 더욱 하나님을 신뢰하게 되는 기회가 된다. 부부가 함께 기도하며 다시 마음을 모을 때, 하나님은 새로운 길을 준비하신다. 그 과정에서 중요한 것은 서로에 대한 신뢰와 격려다. 대화를 멈추지 않고, 서로의 달란트를 인정하며 각자의 자리에서 충실히 서 있을 때, 그 가정은 하나님의 계획을 이루는 통로가 된다.

하나님은 부부에게 공동의 비전을 주신다. 이는 하나님이 그 가정을 통해 이루고자 하시는 뜻이다. 비전은 빠르게 성취되지 않지만, 하나님은 언제나 신실하시다. 부부가 하나 되어 주님의 뜻을 따라 걸어간다면, 결국 그 비전은 하나님의 때에 이루어질 것이다.

053

그리스도인의 사명

말씀 | 요한복음 6:38-40

38 내가 하늘에서 내려온 것은 내 뜻을 행하려 함이 아니요 나를 보내신 이의 뜻을 행하려 함이니라 **39** 나를 보내신 이의 뜻은 내게 주신 자 중에 내가 하나도 잃어버리지 아니하고 마지막 날에 다시 살리는 이것이니라 **40** 내 아버지의 뜻은 아들을 보고 믿는 자마다 영생을 얻는 이것이니 마지막 날에 내가 이를 다시 살리리라 하시니라

묵상을 위한 질문

1. 예수님은 누구의 뜻을 행하셨나요?

2. 아버지의 뜻은 무엇인가요?

적용

하나님이 내 삶과 가정에 주신 사명은 무엇이라고 생각하나요? 먼저 각자의 사명을 생각해 보세요. 그리고 가정이 복음을 전하는 도구가 되어 어떻게 그 사명을 실천할 수 있을지 함께 나누어 보세요.

기도

사랑의 하나님, 예수님께서 이 땅에서 온전히 하나님의 뜻을 따라 사셨듯이 저희도 가정 안에서 하나님의 뜻을 따라 살게 해 주세요. 때를 얻든지 못 얻든지 복음 전파에 힘쓰게 해 주세요. 예수님의 이름으로 기도합니다. 아멘.

메시지

하나님은 사람을 창조하시고, 그에게 살아갈 목적과 사명을 주셨습니다. 이 사명은 아담 혼자에게 주신 것이 아니라 아담과 하와, 즉 최초의 가정에게 주신 사명이었습니다. 이것은 주님께서 우리에게 주신 사명, 즉 우리가 이 땅에서 살아가야 하는 존재의 이유이기도 합니다.

결혼은 하나님으로부터 온 사명을 외면하거나 소홀하게 하는 것이 아닙니다. 오히려 그 사명을 온전히 이룰 수 있게 하는 것입니다. 그러므로 가정은 온전한 하나님의 나라가 되어야 하며, 하나님께서 주신 사명을 잘 감당할 수 있어야 합니다.

그렇다면 주님께서 주신 사명은 무엇인가요? 예수님은 이 땅에서 자신이 하는 일은 아버지의 뜻을 행하는 것이라고 말씀하셨습니다. 그리고 제자들을 보내시면서 주님께서 아버지의 뜻을 행한 것처럼 제자들에게도 그렇게 하라고 명하셨습니다. 만일 예수님께서 이 땅에 오신 목적이 우리를 천국으로 인도하시는 것뿐이었다면, 우리는 구원받은 이후에 이 땅에서 살 이유가 없습니다. 천국에 빨리 가는 것이 더 좋지 않을까요?

그러나 주님은 이 땅에서 우리가 할 일이 있기 때문에 남겨두셨습니다. 우리는 아직도 주님을 모르는 많은 사람들에게 복음을 전하며, 그리스도의 구원을 선포해야 합니다. 그리고 어떤 형태로든 복음 전파에 참여해야 하며 하나님의 나라 확장을 위해 노력해야 합니다. ♥

054
결혼의 초점

말씀 | 로마서 8:28-30

28 우리가 알거니와 하나님을 사랑하는 자 곧 그의 뜻대로 부르심을 입은 자들에게는 모든 것이 합력하여 선을 이루느니라 **29** 하나님이 미리 아신 자들을 또한 그 아들의 형상을 본받게 하기 위하여 미리 정하셨으니 이는 그로 많은 형제 중에서 맏아들이 되게 하려 하심이니라 **30** 또 미리 정하신 그들을 또한 부르시고 부르신 그들을 또한 의롭다 하시고 의롭다 하신 그들을 또한 영화롭게 하셨느니라

묵상을 위한 질문

1. 하나님께서 왜 부르셨으며 부르신 자들을 어떻게 하셨나요? (30절)

2. 하나님은 부르신 자들에게 누구를 본받게 하셨나요? (29절)

적용

가정이 어떤 모습으로 세워지기를 원하는지 생각해 보세요. 그리고 결혼의 초점과 방향성을 어디에 맞춰야 할지 함께 나누어 보세요.

기도

사랑의 하나님, 우리가 결혼의 초점을 세상의 행복이 아니라 주님의 뜻에 맞추게 하시니 감사합니다. 하나님 안에서 참된 행복을 누리며, 주님께서 주신 사명을 따라 살아가는 가정이 되게 해 주세요. 예수님의 이름으로 기도합니다. 아멘.

메시지

"왜 결혼을 할까요?" 사실 이 질문은 책의 시작 부분에 나왔어야 할지도 모릅니다. 대부분의 사람들은 행복하기 위해 결혼을 합니다. 결혼을 행복의 조건이라고 생각하는 경우가 많기 때문입니다. 그러나 어떤 사람들은 결혼을 행복이 아니라 무덤이라고 표현하기도 합니다.

왜 행복이 아니라 무덤이 될까요? 이것은 결혼에 대한 초점과 방향성의 문제이기도 합니다. 세상의 행복은 물질에 기초를 두고 있습니다. 더 넓은 집, 더 좋은 차, 더 많은 돈이 있으면 행복할 것이라고 말합니다. 이처럼 결혼을 자신의 행복의 수단으로 이해하는 것은 세상적인 접근입니다. 그러나 그것들이 참된 행복을 주지 못한다는 사실은 이미 분명합니다. 그렇다면 우리는 결혼의 초점을 어디에 맞춰야 할까요? 그리스도인의 결혼은 우리에게 주신 하나님의 사명을 완성해 가는 것을 의미합니다. 하지만 많은 경우 혼자 있을 때는 열심히 하나님께 헌신하다가, 결혼 후 자신의 행복을 추구하며 하나님의 사역을 멀리하는 모습을 보게 됩니다. 그럴수록 결혼이 우리의 사명을 위축시키거나 변형시키는 것이 아니라, 오히려 더 나아갈 수 있도록 해야 합니다.

물론 저마다의 부르심이 다르기 때문에 그 사역들은 거창하지 않을 수 있습니다. 정말 중요한 것은 그 중심이 하나님을 향하고 있는지를 날마다 점검하는 일입니다. 그렇게 할 때 우리는 하나님 안에서 참된 행복을 누리게 됩니다.♥

055
신성한 성품

말씀 | 베드로후서 1:3-7

3 그의 신기한 능력으로 생명과 경건에 속한 모든 것을 우리에게 주셨으니 이는 자기의 영광과 덕으로써 우리를 부르신 이를 앎으로 말미암음이라 4 이로써 그 보배롭고 지극히 큰 약속을 우리에게 주사 이 약속으로 말미암아 너희가 정욕 때문에 세상에서 썩어질 것을 피하여 신성한 성품에 참여하는 자가 되게 하려 하셨느니라 5 그러므로 너희가 더욱 힘써 너희 믿음에 덕을, 덕에 지식을, 6 지식에 절제를, 절제에 인내를, 인내에 경건을, 7 경건에 형제 우애를, 형제 우애에 사랑을 더하라

묵상을 위한 질문

1. 우리를 구속하신 이유는 무엇인가요?

2. 신성한 성품에 참여하는 자에게 나타나는 모습들은 무엇인가요?

적용

나는 신성한 성품에 참여할 준비가 되어 있나요? 서로가 더 성숙한 그리스도인이 되도록 어떻게 도울 수 있을지 함께 나누어 보세요.

기도

사랑의 하나님, 우리를 죄악에서 건지시고 천국 백성으로 삼아 주신 은혜에 감사합니다. 우리의 삶이 그리스도를 온전히 닮아 가며, 그리스도의 성품이 더 깊이 나타나게 해 주세요. 예수님의 이름으로 기도합니다. 아멘.

메시지

베드로 사도는 성도들에게 신성한 성품에 참여하되 힘써 참여하라고 했습니다. 신성한 성품에 참여한다는 것은 예수님의 성품을 닮아 가는 것이며, 힘써 참여한다는 것은 온전하고 성숙한 그리스도인으로 자라 간다는 뜻입니다. 이제 신성한 성품에 참여하는 삶을 함께 살펴보겠습니다.

믿음은 그리스도를 영접할 때의 최초의 반응이며 신앙의 시작이며, 신성한 성품에 참여하는 원인이 됩니다. 덕은 기독교 문화의 최고의 덕목으로 여겨졌으며, 모든 일을 적절히 행하는 탁월성을 의미합니다. 덕은 지식을 갖게 합니다. 이 지식은 그리스도를 알아 가는 지식입니다. 세속적인 지식이 아니라, 그리스도를 아는 지식이 깊어져야 합니다. 절제는 세상의 오락과 명예, 권력에 대한 강력한 자기통제를 의미합니다. 이는 그리스도를 깊이 아는 지식이 풍부해질 때 갖게 됩니다.

그리고 이 절제가 습관화되는 것을 인내라고 합니다. 성숙한 그리스도인에게는 인내가 나타납니다. 경건은 모든 삶에서 하나님을 아주 실제적으로 인식하는 것을 의미합니다. 이는 고귀한 그리스도의 인격을 의미하기도 합니다. 경건은 사랑의 실천으로 나타나는데 바로 형제의 우애이며, 그리스도 안에서 함께 짐을 나누는 것을 말합니다. 그리고 형제의 우애는 하나님의 사랑으로 완성됩니다. 이러한 아가페 사랑은 예수님께서 우리에게 보이신 온전한 사랑입니다. 매일의 삶에서 성실히 걸어가며 그리스도의 성품을 닮아 가세요. ♥

056
은사

말씀 | 에베소서 4:11-13

11 그가 어떤 사람은 사도로, 어떤 사람은 선지자로, 어떤 사람은 복음 전하는 자로, 어떤 사람은 목사와 교사로 삼으셨으니 **12** 이는 성도를 온전하게 하여 봉사의 일을 하게 하며 그리스도의 몸을 세우려 하심이라 **13** 우리가 다 하나님의 아들을 믿는 것과 아는 일에 하나가 되어 온전한 사람을 이루어 그리스도의 장성한 분량이 충만한 데까지 이르리니

묵상을 위한 질문

1. 하나님은 어떻게 성도들을 다른 모습으로 세우셨나요? (11절)

2. 은사를 주신 이유는 무엇인가요? (12절)

적용

나의 은사는 무엇인가요? 형제/자매의 은사는 무엇인지 생각해 보세요. 그리고 은사를 통해 어떻게 하나님을 섬길 수 있을지 함께 고민하고 나누어 보세요.

기도

사랑의 하나님, 결혼을 통해 하나님께서 우리에게 주신 은사가 낭비되지 않게 도와주세요. 오히려 우리의 은사가 개발되어 주님을 더욱 열심히 섬기는 삶이 되게 해 주세요. 예수님의 이름으로 기도합니다. 아멘.

메시지

하나님은 우리에게 은사를 주셨습니다. 은사란 하나님의 특별한 선물입니다. 성경학자들의 견해가 다르지만, 일반적으로 성경에는 23가지 이상의 은사가 있다고 봅니다. 행정적인 은사, 목회적인 은사, 섬김의 은사, 카리스마의 은사로 구분하기도 합니다.

이 은사를 주신 이유는 그리스도의 몸을 세우며, 이웃을 돌아보며, 봉사의 일을 하게 하기 위함입니다. 즉, 자기의 자랑거리나 출세의 도구로 주신 것이 아니라 복음 전파와 하나님 나라의 확장을 위해 봉사하도록 주셨습니다.

그리스도인들은 자신의 은사가 무엇인지, 그리고 어떻게 사용해야 하는지를 알아야 합니다. 자신의 은사가 무엇인지 알며 그 은사에 적합한 사역을 할 때 우리는 기쁨으로 봉사할 수 있습니다.

최근에는 결혼 후 아내들이 일을 계속하는 경우가 많습니다. 이것은 경제적인 이유이기도 하지만, 자매의 재능을 계속 살리기 위함도 있습니다. 이처럼 결혼이 은사로 하나님을 섬기는 일에 방해가 아닌 도움이 되어야 합니다. 이는 형제의 경우도 동일합니다. 그리하여 두 사람의 연합으로 은사가 개발되고 더욱 하나님께 헌신해야 할 것입니다.

서로의 은사가 제한받지 않도록 격려하고, 가정 안에서 온전히 쓰임받을 수 있도록 도와주세요. 주신 은사를 따라 하나님이 맡기신 선한 사역에 더욱 힘쓰기 바랍니다. ♥

057
살아도 주를 위해 살고

말씀 | 로마서 14:7-8

7 우리 중에 누구든지 자기를 위하여 사는 자가 없고 자기를 위하여 죽는 자도 없도다 **8** 우리가 살아도 주를 위하여 살고 죽어도 주를 위하여 죽나니 그러므로 사나 죽으나 우리가 주의 것이로다

묵상을 위한 질문

1. 바울의 삶은 누구를 위한 삶이었나요?

2. 바울이 이렇게 산 이유는 무엇 때문인가요? (갈 2:20)

적용

나는 지금 무엇을 추구하며 살고 있나요? 내가 인생에서 가장 중요하게 생각하는 가치를 돌아보고, 그것이 하나님 앞에서 어떤 의미가 있는지 함께 나누어 보세요.

기도

사랑의 하나님, 우리의 삶이 이 땅의 안락을 추구하는 삶이 아니라 오직 그리스도의 영광만을 위해 사는 거룩한 인생이 되게 해 주세요. 믿음이 더욱 자라 내 속에 있는 그리스도를 위해 살게 해 주세요. 예수님의 이름으로 기도합니다. 아멘.

메시지

성경 말씀을 연구하다 보면 하나님의 사람들이 모두 한결같이 주님께 충성을 다하며 산 것은 아님을 알 수 있습니다.

솔로몬의 글을 읽어 보면, 그는 바른 삶이 무엇인지 알았지만 그렇게 살지 못하고, 결국 자신의 즐거움을 누리는 방향으로 인생을 살았다고 볼 수 있습니다. 우리는 솔로몬을 통해 지혜를 배울 수는 있지만, 그의 삶은 그렇게 본받을 만하지 않습니다.

반면, 바울은 전심으로 하나님을 섬긴 좋은 사례입니다. 그는 이 땅에서 자신이 왜 사는지를 분명히 알았습니다. 또한 바울은 이 땅의 삶이 영원한 하나님의 나라에 들어가기 위한 준비 과정일 뿐임을 알았습니다.

바울은 이 땅에서 영광을 누리거나 행복을 추구하려고 하지 않았습니다. 모든 보상은 하나님의 나라에서 받기를 원했고, 온전히 천국 복음을 전파하며 그리스도를 나타내는 데 전력을 다했습니다.

가정은 하나님의 영광을 나타내는 곳입니다. 가정을 통해 영광을 받으셔야 할 분은 우리를 구원하신 예수 그리스도뿐입니다. 하나님 중심으로 사는 가정에 주님께서 거하십니다. 주님을 전심으로 섬길 때 비로소 가정은 천국이 됩니다. 따라서 우리는 어떤 형태로든 천국 복음을 전하며 하나님의 나라를 전파하는 일에 가정이 드려지도록 해야 합니다. ♥

058
아름다운 부부

말씀 | 사도행전 18:24-26

24 알렉산드리아에서 난 아볼로라 하는 유대인이 에베소에 이르니 이 사람은 언변이 좋고 성경에 능통한 자라 **25** 그가 일찍이 주의 도를 배워 열심으로 예수에 관한 것을 자세히 말하며 가르치나 요한의 세례만 알 따름이라 **26** 그가 회당에서 담대히 말하기 시작하거늘 브리스길라와 아굴라가 듣고 데려다가 하나님의 도를 더 정확하게 풀어 이르더라

묵상을 위한 질문

1. 아볼로는 어떤 사람인가요? 그가 몰랐던 것은 무엇인가요?

2. 브리스길라와 아굴라 부부는 어떤 일을 했나요? (26절)

적용

만약 이사나 직장 이동처럼 먼 지역으로 옮기게 되거나 갑작스러운 변화를 맞이한다면, 그곳에서 어떻게 복음을 전할 수 있을까요? 또 현재 우리의 가정과 일터에서 복음을 전하기 위해 무엇을 함께 준비하고 실천할 수 있을지 나누어 보세요.

기도

사랑의 하나님, 브리스길라와 아굴라 부부처럼 우리도 준비되게 해 주시고 가정과 직업이 복음을 전할 수 있는 도구가 되게 해 주세요. 예수님의 이름으로 기도합니다. 아멘.

메시지

브리스길라와 아굴라는 그리스도를 위해 모든 것을 헌신한 아름다운 부부였습니다. 그들은 원래 로마에 살았는데, 로마 황제 글라우디오 때 유대인들이 추방되는 사건 때문에 나오게 되었습니다. 그리고 고린도 지역에서 바울을 만나 함께 복음을 전하는 일을 했습니다.

브리스길라와 아굴라의 직업은 장막을 만드는 일이었습니다. 그래서 바울과 함께 장막을 짓는 일을 하면서 복음을 전했습니다. 그들이 직업을 가진 것은 복음 전파에 필요한 경비를 스스로 마련하고, 일을 통해 사람들을 만나 복음을 전하기 위함이었습니다. 고린도에서 바울을 만난 이 부부는 바울과 함께 복음을 전파하러 여행을 다녔습니다. 여러 지역을 다니며 복음을 전하던 중, 알렉산드리아에서 난 아볼로를 만났습니다.

그는 성경에 대해 많이 알고 있었지만 예수님을 알지 못했습니다. 이 부부는 예수님을 모르는 아볼로에게 성경 말씀으로 복음을 전했습니다. 이들의 도움으로 예수님을 알게 된 아볼로는 많은 유대인 앞에서 그분을 증거했고, 초대교회에서 가르치는 일로 많은 사람들을 주님의 제자로 거듭나게 했습니다.

이처럼 부부가 한마음이 되어 주님의 선한 사역을 담당하는 것은 정말 아름다운 일입니다. 저마다 부르심은 달라도, 우리의 가정이 복음을 전하는 통로가 되기를 바랍니다. ♥

아내

Letter. 믿음의 여정을 함께 세우는 돕는 배필

성경은 아내의 역할을 단순한 보조자가 아닌, 남편과 함께 하나님의 뜻을 이루는 동역자로 제시한다. 창세기 2장 18절에서 말하는 "돕는 배필"은 단순히 곁에서 돕는 존재가 아니라, 생명을 구하는 강한 도움을 의미하며, 하나님 자신을 묘사할 때도 쓰인 단어다. 아브라함의 아내 사라는 이 모습을 잘 보여 준다. 그녀는 남편의 믿음의 여정에 함께하며 불확실한 미래로 떠났다.

아브라함은 완전하지 않았다. 두려움에 빠져 사라를 누이라고 속이고, 실수를 반복했다. 하지만 성경은 사라의 불평이나 분노보다 인내하는 모습을 보여 준다. 그녀는 남편의 실수 너머에 계신 하나님을 바라보며, 언약을 믿고 함께 기다렸다. 그 믿음과 인내는 아브라함이 믿음의 조상으로 서는 데 중요한 역할을 했다.

오늘날의 아내도 마찬가지다. 남편은 완전하지 않다. 때로는 연약하고 잘못된 선택을 할 수도 있다. 그럴 때 아내는 책망보다 믿음으로 품고, 기도와 말씀으로 가정을 지키는 돕는 배필이 되어야 한다. 믿음의 가정은 결코 혼자의 힘으로 세워지지 않는다. 세상의 기준이 아닌, 하나님의 눈에 합당한 믿음의 아내가 가정을 살리고, 다음 세대를 세우며, 하나님의 언약을 이어 가는 통로가 된다.

059

아내에 대한 명령

말씀 | 골로새서 3:18-24

18 아내들아 남편에게 복종하라 이는 주 안에서 마땅하니라 19 남편들아 아내를 사랑하며 괴롭게 하지 말라 20 자녀들아 모든 일에 부모에게 순종하라 이는 주 안에서 기쁘게 하는 것이니라 21 아비들아 너희 자녀를 노엽게 하지 말지니 낙심할까 함이라 22 종들아 모든 일에 육신의 상전들에게 순종하되 사람을 기쁘게 하는 자와 같이 눈가림만 하지 말고 오직 주를 두려워하여 성실한 마음으로 하라 23 무슨 일을 하든지 마음을 다하여 주께 하듯 하고 사람에게 하듯 하지 말라 24 이는 기업의 상을 주께 받을 줄 아나니 너희는 주 그리스도를 섬기느니라

묵상을 위한 질문

1. 바른 가정 생활을 위해 아내에게 하신 말씀은 무엇인가요? (18절)

2. 그리스도인들은 어떤 삶을 살아야 할까요? (23절)

적용

1. 자매: 형제를 존중하지 못한 적은 없나요? 언제 그런 마음이 드는지 돌아보고, 어떻게 하면 진심으로 존중할 수 있을지 함께 나누어 보세요.

2. 형제: 자매에게 존중받는 모습이 되려면 어떻게 살아가야 할까요?

기도

사랑의 하나님, 예수님이 이 땅에 계실 때에 하나님께 온전히 순종하셨듯이 남편에게 온전히 순종하고 존경하며 사랑하는 마음을 갖게 해 주세요. 섬김을 통해 섬김을 받으셨던 예수님의 가르침을 따라 서로 먼저 섬기게 해 주세요. 예수님의 이름으로 기도합니다. 아멘.

메시지

하나님께서 아내에게 하신 명령은 복종입니다. 이것은 남편과 아내의 관계에 대한 문제 이전에 하나님께서 주신 명령임을 기억해야 합니다.

우리는 왜 하나님께서 이런 명령을 아내에게 하셨는지를 잘 생각해 봐야 합니다. 하나님께서 복종의 명령을 주신 것은 이를 통해 가정이 행복해질 수 있기 때문입니다. 하나님께서 말씀하신 복종은 억압이 아니라, 사랑 안에서 질서를 세우고 가정을 평안하게 하는 길입니다.

복종이라는 말의 원어는 '경외하다'라는 의미가 있습니다. 이 복종은 남편을 향한 경외심과 존경심이 있을 때 자발적으로 나타납니다. 아내에게 있어서 가장 존경하는 사람은 남편이 되어야 합니다. 하나님은 남편을 가정의 머리로 허락하셨습니다. 이는 하나님께서 세우신 질서입니다. 남편을 존경하고 존중하며 함께 하나님을 섬길 때 하나님의 나라가 가정 안에서 실현됩니다.

그러나 아내에게 무조건적인 복종을 강요하면 안 됩니다. 예수님은 진정한 순종이란 먼저 섬길 때 얻게 됨을 보여 주셨습니다. 다시 말해, 남편에 대한 아내의 복종은 자발적이어야 합니다. 하나님이 아내에게 명령하셨지만, 이를 남편이 이용하면 안 됩니다. 남편은 권위를 내세우기보다, 섬김으로 아내를 세워 주는 리더가 되어야 합니다.♥

060

사라의 순종

말씀 | 베드로전서 3:1-6

1 아내들아 이와 같이 자기 남편에게 순종하라 이는 혹 말씀을 순종하지 않는 자라도 말로 말미암지 않고 그 아내의 행실로 말미암아 구원을 받게 하려 함이니 2 너희의 두려워하며 정결한 행실을 봄이라 3 너희의 단장은 머리를 꾸미고 금을 차고 아름다운 옷을 입는 외모로 하지 말고 4 오직 마음에 숨은 사람을 온유하고 안정한 심령의 썩지 아니할 것으로 하라 이는 하나님 앞에 값진 것이니라 5 전에 하나님께 소망을 두었던 거룩한 부녀들도 이와 같이 자기 남편에게 순종함으로 자기를 단장하였나니 6 사라가 아브라함을 주라 칭하여 순종한 것 같이 너희는 선을 행하고 아무 두려운 일에도 놀라지 아니하면 그의 딸이 된 것이니라

묵상을 위한 질문

1. 순종은 믿는 남편에게만 해당되나요? 아니면 믿지 않는 남편에게도 해당되나요? (1절)

2. 믿지 않는 남편에게도 순종해야 하는 이유는 무엇인가요? (2절)

적용

1. 자매: 온전히 순종하기 위해 어떤 태도를 가져야 할까요?

2. 형제: 자매를 어떻게 섬김의 리더십으로 이끌고 있나요? 사랑으로 섬기며 본이 되는 모습을 어떻게 보일 수 있을지 함께 나누어 보세요.

기도

사랑의 하나님, 우리가 하나님의 말씀 안에서 온전히 섬기는 법을 배워가게 하시고 서로를 존중하며 의무가 아니라 사랑으로 섬기게 해 주세요. 예수님의 이름으로 기도합니다. 아멘.

메시지

아내에게 순종은 참으로 힘든 주제입니다. 그러나 성경은 그렇게 하라고 명합니다. 오늘 본문은 진정한 순종의 길을 보여 준 아내의 모델로 사라의 이야기를 소개합니다. 아브라함은 기근으로 인해 하나님께서 약속하신 가나안을 뒤로 하고 애굽으로 내려갔습니다. 그리고 그 땅에서 자신의 생명을 보존하려 아내를 누이라고 속여 빼앗길 뻔했다가 하나님의 도우심으로 다시 만나게 됩니다.

사라의 입장에서 아브라함은 무책임하고 비정한 남편입니다. 그는 많은 실수를 했고, 처음에는 하나님의 말씀에 깊이 헌신하지도 못했습니다. 불완전한 남편이었지만 사라는 온전히 순종했습니다.

아브라함이 믿음의 조상으로 견고히 서기까지는 많은 연단과 훈련이 있었습니다. 남편을 향한 사라의 전적인 순종의 태도는 아브라함이 믿음의 조상으로 우뚝 서는 데 큰 역할을 했을 것입니다. 사라는 남편을 진심으로 존경했습니다. 순종의 문제가 어렵게 다가올 때, 사라의 모습을 떠올려 보세요.

또한 남편은 단순히 강압적인 위계질서를 내세워 아내의 순종을 강요해서는 안 됩니다. 아내의 순종은 남편에 대한 온전한 신뢰와 믿음이 있어야 가능하기 때문입니다. 아내가 온전히 순종할 수 있도록 먼저 섬김의 리더십으로 관계를 이끌어 가야 합니다. ♥

061

돕는 배필

말씀 | 창세기 2:18

여호와 하나님이 이르시되 사람이 혼자 사는 것이 좋지 아니하니 내가 그를 위하여 돕는 배필을 지으리라 하시니라

묵상을 위한 질문

1. 하나님은 왜 돕는 배필을 지으셨나요? 돕는 배필이란 의미는 무엇인가요?

2. 남편을 돕는다는 것과 남편이 아내를 자신의 편의를 위한 도구로 이용하는 것은 어떤 점에서 다를까요?

적용

돕는 배필의 의미를 생각하며, 서로의 신앙을 어떻게 세워 주고 도울 수 있을지, 또 앞으로 남편과 아내로서 어떤 역할을 감당해야 할지 고민하고 함께 나누어 보세요.

기도

사랑의 하나님, 서로에게 신앙의 격려와 힘이 되는 동역자가 되게 해 주세요. 특히 신앙이 나태해질 때 이끌어 줄 수 있는 적극적인 도움을 베푸는 존재가 되게 해 주세요. 예수님의 이름으로 기도합니다. 아멘.

메시지

하나님은 남자와 여자를 서열로 구분하신 것이 아니라, 온전한 연합으로 하나 되게 하셨습니다. 하나님은 아내를 돕는 배필이라고 말씀하십니다. 본문의 '돕는다'라는 말은 적극적인 혹은 주도적인 도움을 말하며, 구원에 관한 적극적인 도움을 의미하기도 합니다.

그래서 두 가지 측면에서 적용해 볼 수 있습니다. 구원에 관해서 설명할 때 아내의 역할은, 남편이 가장으로서 가정의 제사장 역할을 온전히 감당할 수 있도록 도우며 함께 사역하는 것을 의미합니다. 그리고 더 적극적인 의미는 남편이 흔들리거나 하나님으로부터 멀어져 있을 때, 그를 구원의 길로 이끄는 적극적인 도움을 베푸는 것입니다.

남편이 가정의 제사장으로서 바르게 신앙 생활을 하도록 돕는 역할은 아내에게 있습니다. 하나님을 경외함에 있어서 남편에 의해 끌려가는 것이 아니라, 주도적으로 남편의 신앙을 위해 기도하고 격려해야 합니다. 남편이 그리스도께로 더 가까이 나아가도록 적극적으로 도와주세요.

남편은 아내를 자기의 출세 혹은 편의를 위한 도구로 이용하려는 의도를 버려야 합니다. 돕는 배필이라는 말은 아내가 나의 비서라는 의미가 아닙니다. 하나님은 아내의 도움을 통해 살아가도록 남편을 만드셨습니다. 이는 부부가 서로를 의지하며 하나님의 뜻을 이루도록 하신 것입니다. ♥

062

Date   .   .

진주보다 나은 여인

말씀 | 잠언 31:10, 30-31

10 누가 현숙한 여인을 찾아 얻겠느냐 그의 값은 진주보다 더 하니라 **30** 고운 것도 거짓되고 아름다운 것도 헛되나 오직 여호와를 경외하는 여자는 칭찬을 받을 것이라 **31** 그 손의 열매가 그에게로 돌아갈 것이요 그 행한 일로 말미암아 성문에서 칭찬을 받으리라

묵상을 위한 질문

1. 현숙한 여인은 어떤 여인인가요? 잠언 31장을 정독해 보세요.

2. 궁극적으로 여성이 해야 할 일은 무엇인가요? (30절)

적용

1. 자매: 본문과 나의 가치관을 비교해 보세요. 혹시 세상의 가치에 치우쳐 있지는 않은지 돌아보고, 어떻게 말씀을 따라 살 수 있을지 함께 나누어 보세요.

2. 형제: 자매의 믿음, 성품, 온유함과 같은 내적 아름다움을 어떻게 존중하고 격려할 수 있을지 함께 나누어 보세요.

기도

사랑의 하나님, 하나님을 경외하며 현숙한 마음으로 남편을 존중하게 하시고, 아내의 내적 아름다움을 존중하며 주님이 기뻐하시는 가정을 세워 가게 해 주세요. 예수님의 이름으로 기도합니다. 아멘.

메시지

오늘 본문은 르무엘왕의 어머니가 좋은 여인을 얻는 것에 대해 교훈한 말씀입니다. 르무엘은 '하나님께 헌신한 자'란 뜻으로 솔로몬왕을 가리킨다고 볼 수 있습니다. 현숙한 여인은 그 가치가 진주보다 더 낫다고 했습니다. 그러면 현숙한 여인은 어떤 여인일까요? 잠언 31장에서 그 내용을 다루고 있습니다.

먼저 '현숙하다'라는 말의 원어에는 '강하다', '확고하다'라는 의미가 있습니다. 즉, 현숙한 여인이란 하나님을 향한 신앙과 믿음이 확고해 흔들리지 않는 여인을 의미합니다. 하나님 앞에서 확고한 신앙을 가진 여인의 가치가 그 어떤 세상적인 가치보다 더 훌륭하다는 것을 설명하고 있습니다.

세상의 가치는 시간과 함께 소멸됩니다. 부와 아름다움은 죽음과 함께 끝나지만, 하나님을 경외하는 마음은 영원히 계속됩니다. 여인에게 아름다움은 중요하지만, 이는 지나가는 안개와 지는 꽃과 같이 잠시뿐입니다. 진정한 아름다움은 내면적이며 영적인 것이어야 합니다. 물질은 살아가는 동안 편리를 제공하지만, 우리의 영혼을 구원해 주지는 못합니다.

현숙한 여인은 남편을 존중하며, 그가 존귀하게 여김을 받도록 세워 주는 사람입니다. 부지런하고 지혜롭게 가정을 돌보며, 삶의 여러 모습에서 그 가치를 드러냅니다. 하나님을 경외하며 남편을 존귀하게 만드는 여인은 칭찬을 받을 것이며, 그 가치는 진주보다 더 나을 것입니다. 💙

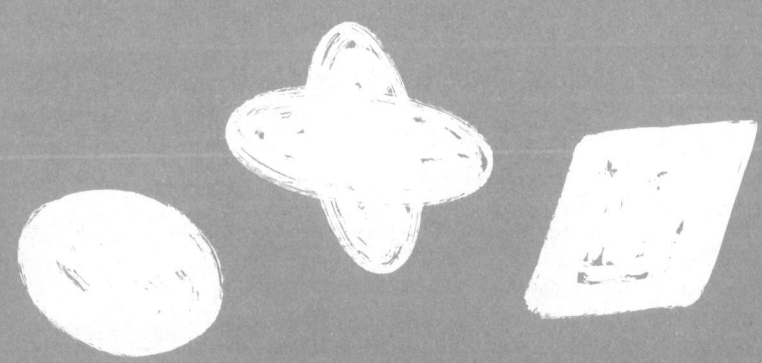

남편

Letter. 가정의 기둥이자 믿음의 제사장

성경이 말하는 남편은 가정의 기둥이자 하나님께서 맡기신 믿음의 제사장이다. 단지 돈을 벌고 가족을 부양하는 데 그치지 않고, 아내와 자녀를 생명처럼 아끼고 보호하며, 하나님 앞에서 그들을 위한 신앙의 책임을 지는 사람이다.

또한 남편은 가정의 제사장으로서, 말씀과 기도로 가족을 돌보는 책임을 지닌다. 예배가 중심이 되고, 말씀 앞에 자신을 낮추는 태도를 통해, 가정은 하나님 나라의 질서를 회복하게 된다. 오늘날 많은 가정이 무너지는 이유는 바로 이 책임의 부재에 있다. 책임지는 남편은 무거운 짐을 지는 것이 아니라, 하나님께서 믿고 맡기신 은혜의 자리를 감당하는 것이다. 그런 남편 곁에서 아내는 안정과 존귀함을 느끼고, 자녀는 삶의 방향을 배워 간다.

현대 사회는 가장의 권위를 불편하게 여기지만, 성경은 권위를 섬김으로 설명한다. 남편은 억누르는 존재가 아니라, 먼저 희생하고 본을 보이는 리더가 되어야 한다.

남편의 자리는 무겁지만 가장 가치 있는 자리다. 그 자리를 두려움 없이 감당하며 매일 하나님의 은혜로 새로워질 때, 가정은 견고한 평안과 축복을 누리게 된다. 오늘도 가정을 위해 무릎 꿇는 남편이 있다면, 하나님은 그 가정을 반드시 붙드시고 인도하실 것이다.

063

남편에 대한 명령

말씀 | 에베소서 5:25-28

25 남편들아 아내 사랑하기를 그리스도께서 교회를 사랑하시고 그 교회를 위하여 자신을 주심 같이 하라 **26** 이는 곧 물로 씻어 말씀으로 깨끗하게 하사 거룩하게 하시고 **27** 자기 앞에 영광스러운 교회로 세우사 티나 주름 잡힌 것이나 이런 것들이 없이 거룩하고 흠이 없게 하려 하심이라 **28** 이와 같이 남편들도 자기 아내 사랑하기를 자기 자신과 같이 할지니 자기 아내를 사랑하는 자는 자기를 사랑하는 것이라

묵상을 위한 질문

1. 그리스도께서 교회를 어떻게 사랑하셨나요?

2. 어떻게 아내를 사랑하라고 했나요?

적용

1. 자매: 형제에게 본문처럼 사랑할 수 있는지 솔직한 의견을 들어보고, 그 대답을 함께 나누어 보세요.

2. 형제: 그리스도께서 교회를 위해 보이신 사랑(용서, 오래 참음, 희생 등)을 본받아 자매를 어떻게 사랑할 수 있을지 함께 나누고, 일상에서 실천해 보세요.

기도

사랑의 하나님, 우리는 예수님께서 보이신 사랑을 감히 따라갈 수 없는 죄인임을 고백합니다. 그럼에도 그 사랑으로 서로를 사랑하길 원합니다. 우리의 사랑이 시간이 지날수록 깊어지도록 인도해 주세요. 예수님의 이름으로 기도합니다. 아멘.

메시지

성경적인 가정을 이루기 위해 여성에게 주신 명령이 복종이라면, 남성에게 주신 명령은 사랑입니다. 이 둘은 동시에 이루어져야 하며, 자신을 비우고 포기하며 섬기려는 태도에서 시작됩니다. 남편에게 요구되는 사랑은 그리스도께서 교회를 위해 보이신 사랑입니다.

교회는 예수님의 피로 세워졌습니다. 예수님은 구원받을 백성들의 모임인 교회를 위해 자신의 목숨을 버리셨습니다. 그분이 목숨을 버리실 때 사람들은 예수님을 사랑하거나 경외하지 않았습니다. 그럼에도 예수님은 죄인들을 있는 모습 그대로 사랑하셨고, 그들을 위해 죽으셨습니다.

남편은 아내를 이렇게 사랑해야 합니다. 이는 감정이나 조건에 기초한 사랑이 아닙니다. 바로 언약에 근거한 사랑입니다. 우리는 하나님 앞에서 혼인 서약을 하는 순간부터 신실하게 그 언약을 지켜야 합니다. 남편이 아내에게 순종을 요구할 권리는 없습니다. 다만 사랑할 의무만 있습니다. 만일 그리스도의 사랑으로 사랑하기를 평생 실천한다면, 아내의 순종은 자연스럽게 나타날 것입니다.

남편은 평생 그리스도의 사랑을 본받아 아내를 사랑해야 합니다. 아내는 교회가 그리스도를 따르고 섬긴 것처럼 남편을 존중하며 섬겨야 합니다. 이렇게 할 때 톱니바퀴가 맞물리듯 서로의 역할이 자연스럽게 이루어질 것입니다. ♥

064
가정에 대한 지식

말씀 | 베드로전서 3:7
남편들아 이와 같이 지식을 따라 너희 아내와 동거하고 그를 더 연약한 그릇이요 또 생명의 은혜를 함께 이어받을 자로 알아 귀히 여기라 이는 너희 기도가 막히지 아니하게 하려 함이라

묵상을 위한 질문
1. 남편이 알아야 할 지식은 어떤 것들인가요?

2. 아내는 어떤 존재인가요? 그리고 어떻게 대해야 하나요?

적용
가정에 대한 지식을 어디에서 얻을 수 있을지 함께 생각해 보세요. 부모님이나 믿음의 선배로부터 배울 수도 있고, 서로의 경험을 나눌 수도 있으며, 좋은 책을 통해 배울 수도 있습니다. 그중에서 가장 필요하다고 생각하는 방법을 한 가지 정해 실천해 보세요.

기도
사랑의 하나님, 가정을 통해 하나님의 나라를 알아 가게 하시고, 예수님의 사랑을 느끼고 경험하며 우리의 가정이 이 땅에서 작은 하나님의 나라가 되게 해 주세요. 남편을 존경하며 세워 주고 아내를 귀히 여기게 해 주세요. 예수님의 이름으로 기도합니다. 아멘.

메시지

오늘 본문은 남편들에게 지식을 따라 행동하라고 합니다. 이 지식은 성경 안에서 가정의 의미와 존재가 무엇인지를 아는 것입니다. 오늘 본문에서 "지식을 따라"라는 부분은 남성들에게 가정에 대한 지식을 가지라는 명령입니다. 그렇다면 남성이 알아야 할 가정에 대한 지식은 어떤 것일까요?

먼저 가정은 하나님 나라의 모형이라는 사실을 늘 기억해야 합니다. 사도 바울은 교회와 그리스도의 관계를 큰 비밀이라고 했습니다(엡 5:32). 그리고 교회와 그리스도의 관계가 남편과 아내의 관계와 같다고 설명했습니다.

그 이유는 가정과 교회를 통해 우리가 하나님의 나라를 실현하고 경험할 수 있기 때문입니다. 이처럼 가정과 교회에 나타난 질서와 구성은 하나님 나라의 중요한 모형이므로 더욱 깊이 배우도록 힘써야 합니다.

남편은 가정의 머리이며 제사장입니다. 가정의 제사장은 가족의 신앙과 구원을 책임지고 하나님께로 이끌어야 할 사람입니다. 아내의 역할은 남편이 가정에서 제사장으로 굳게 설 수 있도록 세워 주고 격려하는 것입니다. 그리고 가정에서 견고한 믿음의 기둥이 되도록 적극적으로 협력하고 돕는 것입니다. 이처럼 함께 협력하고 기도하며 노력할 때 건강한 가정의 질서가 세워집니다. ♥

065
귀히 여기라

말씀 | 베드로전서 3:7
남편들아 이와 같이 지식을 따라 너희 아내와 동거하고 그를 더 연약한 그릇이요 또 생명의 은혜를 함께 이어받을 자로 알아 귀히 여기라 이는 너희 기도가 막히지 아니하게 하려 함이라

묵상을 위한 질문
1. 생명의 은혜를 함께 이어받을 자는 누구인가요?

2. 아내를 귀히 여기려면 어떻게 해야 하나요?

적용
1. 두 사람 사이의 갈등이 경건한 삶에 어떤 영향을 주었는지 돌아보고, 서로의 생각을 나누어 보세요. 그리고 다시는 같은 실수를 반복하지 않기 위해 무엇이 필요한지도 함께 이야기해 보세요.

2. 일상에서 서로를 존귀하게 대할 수 있는 구체적인 방법을 함께 찾아보고, 어떻게 실천할 수 있을지 나누어 보세요.

기도
사랑의 하나님, 감사합니다. 서로를 더욱 귀하게 여기며 존중할 수 있게 도와주세요. 또한 우리의 관계를 자신의 유익을 위해 이용하려 하지 말고, 서로를 있는 모습 그대로 섬길 수 있게 해 주세요. 예수님의 이름으로 기도합니다. 아멘.

메시지

오늘은 '가정에 대한 지식'과 같은 본문입니다. 같은 본문이지만, 여기서는 아내를 귀히 여기는 것에 대해 묵상하도록 하겠습니다. 본문은 남성이 가정에서 아내에게 어떻게 해야 하는지 말합니다.

먼저 아내의 존재를 이해해야 합니다. 아내는 귀히 여김을 받아야 할 존재입니다. 본문은 아내를 더 연약한 그릇이라고 표현했습니다. 이 말씀은 남편이 보호해 줘야 할 대상이라는 의미입니다. 아내는 남편의 비서도 아니며 종도 아닙니다. 가정에서 남편의 사랑을 받으며 살아야 할 귀한 존재입니다.

또한 이 말씀은 남편 자신이 누군지 알라는 의미이기도 합니다. 아내가 더 연약하다는 말씀은 남편 역시 연약함을 인정하라는 뜻입니다. 즉, 스스로 모든 것을 할 수 있는 강한 존재라고 생각하지 말고 하나님 앞에서 죄인이며 연약한 존재임을 자각해야 합니다. 그렇게 될 때 온전한 관계를 이루어 갈 수 있습니다.

부부는 하나님의 유업을 함께 받을 자이며, 하나님의 선한 사역을 함께 이루어 가는 동역자입니다. 아내는 남편에게 존중받을 권리가 있지만, 그 권리를 자신의 이익을 위해 사용해서는 안 됩니다. 부부 사이에 갈등이 생기면, 하나님과의 관계와 경건에도 영향을 미칩니다. 그러므로 하나님 앞에서 경건을 지키며 서로 사랑하고 존중함으로, 가정 안에서 귀히 여기며 하나님의 뜻을 함께 이루어 가야 합니다.♥

066

내 몸처럼 사랑하라

말씀 | 에베소서 5:28-30

28 이와 같이 남편들도 자기 아내 사랑하기를 자기 자신과 같이 할지니 자기 아내를 사랑하는 자는 자기를 사랑하는 것이라 29 누구든지 언제나 자기 육체를 미워하지 않고 오직 양육하여 보호하기를 그리스도께서 교회에게 함과 같이 하나니 30 우리는 그 몸의 지체임이라

묵상을 위한 질문

1. 아내를 어떻게 사랑해야 하나요?

2. 그리스도는 교회를 어떻게 양육하고 보호하셨나요?

적용

1. 상대방을 내 몸처럼 아끼는 사랑이란 무엇인가요? 자신의 몸을 위해 감기약을 먹고 보약을 챙기듯, 사랑하는 사람의 건강과 마음도 세심히 보살피는 사랑을 실천해 보세요.

2. 서로에게 상처가 되는 말이나 행동을 하지 않기 위해 어떤 노력이 필요한지 함께 고민하고, 지켜 줄 수 있는 방법을 나누어 보세요.

기도

사랑의 하나님, 우리가 서로 존중하며 사랑하기 원합니다. 우리의 대화가 사랑과 존중이 담긴 온유한 말로 이어지게 도와주세요. 그리고 예수님이 교회를 양육하고 보호하셨듯이 아내를 진심으로 사랑하며 내 몸과 같이 아끼게 해 주세요. 예수님의 이름으로 기도합니다. 아멘.

메시지

오늘 본문은 남편이 아내를 어떻게 사랑해야 하는지를 이야기합니다. 본문에 따르면 남편들은 자기 아내 사랑하기를 자기 자신과 같이 해야 하고, 자기 아내를 사랑하는 자는 자기를 사랑하는 것입니다.

우리는 몸에 작은 가시 하나만 박혀도 아픔을 느낍니다. 그리고 그 가시를 뽑으려고 합니다. 이처럼 작은 일이라도 아내를 아프게 하는 것들을 찾아낼 수 있어야 합니다. 감기 기운이 있을 때 약을 먹고, 몸이 약해지면 보약을 챙겨 먹듯 아내의 건강도 세심히 살펴야 합니다.

이것이 바로 자기 몸처럼 돌보는 것입니다. 처음에만 잘하는 것이 아니라, 끝까지 그렇게 해야 합니다. 건강한 사람은 자기 몸을 상하게 하지 않습니다. 때리지도 않습니다.

성경은 남편이 아내의 머리이며, 남편에게 아내를 자기 몸처럼 여기라고 말합니다. 아내를 학대하는 것은 하나님의 뜻을 거스르는 잘못된 모습이며, 결코 용납될 수 없는 행위입니다. 그런데도 자기 몸을 학대하는 머리는 이미 건강하지 못함은 물론, 이 세상에서 가장 미련한 사람입니다.

역사적으로 한국 사회에서 여성들은 인격적으로 존중받지 못한 예가 많았습니다. 현재 많이 개선되었다고 할 수 있지만, 여전히 존중받지 못하는 경우를 보게 됩니다. 남편은 자신에게 그런 태도가 있지는 않은지 돌아보고, 예수님께서 교회를 어떻게 양육하고 보호하셨는지 꼭 기억하세요. ♥

067
간음하지 말라

말씀 | 출애굽기 20:12-17

12 네 부모를 공경하라 그리하면 네 하나님 여호와가 네게 준 땅에서 네 생명이 길리라 13 살인하지 말라 14 간음하지 말라 15 도둑질하지 말라 16 네 이웃에 대하여 거짓 증거하지 말라 17 네 이웃의 집을 탐내지 말라 네 이웃의 아내나 그의 남종이나 그의 여종이나 그의 소나 그의 나귀나 무릇 네 이웃의 소유를 탐내지 말라

묵상을 위한 질문

1. 제7계명은 무엇인가요? (14절)

2. 광야에서 이방 여인들과 간음한 백성들은 어떻게 되었나요? (민 25장 참조)

적용

1. 배우자가 간음을 한다면, 어떤 아픔과 결과가 따르는지 함께 생각해 보세요. 아직 결혼 전이라면, 어떻게 순결을 지키고 자신을 보호할 수 있을지 나누어 보세요.

2. 간음을 하면 안 되는 이유가 무엇인지 서로의 생각을 나누어 보세요.

기도

사랑의 하나님, 우리 가정을 지켜 주시고 하나님을 향해 그리고 서로를 향해 온전한 마음을 갖게 해 주세요. 가정을 흔드는 이 시대에 정결함으로 가정을 잘 이루어 갈 수 있도록 도와주세요. 예수님의 이름으로 기도합니다. 아멘.

메시지

오늘날 우리 사회는 왜곡된 성 문화 속에 있습니다. 그러나 성은 하나님께서 부부에게 주신 거룩하고 아름다운 선물입니다. 본문의 간음은 결혼한 사람이 배우자가 아닌 이와 성관계를 맺는 행위를 말합니다. 간음의 문제는 부부 모두에게 해당되지만, 특별히 남성들이 더 깊이 주의하면서 힘써 지켜야 할 계명입니다.

남편의 외도는 가정의 해체를 가져오며 돌이킬 수 없는 상처를 남깁니다. 그러므로 남편은 어떤 상황에서도 간음하지 말아야 하며, 자신의 눈과 마음을 철저히 지켜야 합니다.

간음이 일어나기 전의 징조들을 살펴보면 성적 타락 이전에 감정적 타락이 일어납니다. 즉, 다른 이성을 보고 매력을 느끼거나 끌림을 느끼는 감정적 타락이 일어날 때 경계하고 피해야 합니다. 특히 부부 관계가 소원하거나 어려울 때, 마귀가 그 틈을 더 쉽게 파고듭니다.

음란 사이트나 음란물을 멀리하세요. 이를 가까이하는 것 역시 정신적으로 간음하는 것이며, 영적으로나 가정적으로 해악이 됩니다. 세상적인 사람들의 영향으로 들키지 않으면 괜찮다는 생각조차도 하지 마세요. 악은 어떤 모양이라도 버려야 합니다. 죄는 달콤한 유혹처럼 시작되지만 결국 통제할 수 없는 결과를 가져오고, 마음과 가정의 평안을 무너뜨립니다. 가정을 지키기 위해서는 부부가 서로의 마음을 지키고, 정결함을 유지해야 합니다.

이것이 하나님께서 원하시는 건강한 가정의 모습입니다. 가정의 평안을 위해 함께 노력해 보세요. ♥

068

아내에 대한 의무

말씀 | 고린도전서 7:1-5

1 너희가 쓴 문제에 대하여 말하면 남자가 여자를 가까이 아니함이 좋으나 2 음행을 피하기 위하여 남자마다 자기 아내를 두고 여자마다 자기 남편을 두라 3 남편은 그 아내에 대한 의무를 다하고 아내도 그 남편에게 그렇게 할지라 4 아내는 자기 몸을 주장하지 못하고 오직 그 남편이 하며 남편도 그와 같이 자기 몸을 주장하지 못하고 오직 그 아내가 하나니 5 서로 분방하지 말라 다만 기도할 틈을 얻기 위하여 합의상 얼마 동안은 하되 다시 합하라 이는 너희가 절제 못함으로 말미암아 사탄이 너희를 시험하지 못하게 하려 함이라

묵상을 위한 질문

1. 3절에서 남편에게 하는 명령은 무엇인가요?

2. 남편이 아내에게 해야 할 의무라고 생각되는 부분들은 무엇인가요?

적용

결혼 후 가정에서 서로를 향한 어떤 의무(영적, 정신적, 육체적)가 있다고 생각하나요? 각자 감당해야 할 부분을 고민하고 어떻게 노력할 수 있을지 이야기해 보세요.

기도

사랑의 하나님, 서로에 대한 존중과 사랑으로 가정을 이루어 가게 하시되 성적인 부분에 있어서도 서로에게 충실하게 해 주세요. 예수님의 이름으로 기도합니다. 아멘.

메시지

남성은 가정의 제사장이며 가장으로서 그 책무가 중요합니다. 가정에서 남성이 흔들리면 모든 것이 흔들리며, 가장으로서 견고히 서면 모든 것이 평안합니다. 그러므로 남성은 무엇보다도 하나님을 향해 견고히 서는 경건의 삶을 살아야 합니다. 이처럼 남성에게는 가장으로서, 남편으로서, 그리고 아버지로서의 책임이 주어졌습니다.

오늘 본문은 남편에게 아내에 대한 의무를 다하라고 말합니다. 문맥상 이 의무는 부부의 성적인 부분과 관련이 있습니다. 성경은 기도를 위해 잠시 떨어져 있는 경우 외에는 분방(부부가 성관계를 멀리하는 것)하지 말라고 말합니다. 남편은 아내를 사랑하며 보호해야 할 의무가 있기 때문입니다. 만약 부부 관계에 문제가 발생하면 마귀는 곧바로 그 틈을 타서 가정을 위기로 몰고 가려 할 것입니다.

그러므로 남편은 아내에 대한 의무를 충실히 이행해야 합니다. 의무라는 말은 감정이 뜨겁지 않을 때에도 변함없이 그 자리에 있으라는 의미입니다. 결혼 생활에서 서로에게 성적인 부분에 대한 의무를 충실히 행하는 것은 아주 중요합니다. 아내가 남편을 위해 배려해야 하듯 남편도 아내를 위해 배려해야 합니다. 이처럼 부부 관계는 서로의 의견을 존중하고 배려하며 이루어져야 합니다. 가정의 안정과 필요를 함께 책임지며, 서로의 삶을 지탱해 주는 동반자가 되도록 노력해 보세요.♥

경건

Letter. 결혼 생활의 중심이 되는 신앙의 질서

결혼을 준비할 때 많은 이들이 성격, 가치관, 직업, 경제력, 취미 등을 중요하게 생각하지만, 정작 결혼 생활의 중심이 될 경건에 대해서는 깊이 고민하지 않는 경우가 많다. 경건은 단지 기도와 성경 읽기를 넘어, 하나님 앞에서의 태도와 인격, 그리고 그것이 관계 속에 드러나는 삶의 방식이다. 결혼은 평생의 여정이며, 그 속에서 경건은 가장 중요한 기반이 된다.

믿음이 단단한 사람은 자신에게 정직하고 진실하며, 감정과 상황에 휘둘리지 않는다. 연애와 결혼을 통해 연약함이 드러나도 회피하지 않고 말씀 앞에서 다듬어 간다. 경건은 결혼 전의 나를 훈련시키고, 결혼 후의 나를 성숙하게 만든다.

경건은 부부 관계 속에서도 빛을 발한다. 함께 기도하고, 말씀으로 서로를 격려하며, 섬김과 겸손으로 관계를 지켜 나가는 부부는 현실의 벽 앞에서도 다시 일어설 수 있다. 그렇게 경건한 태도로 함께 성장하는 부부는 함께 무릎 꿇고 기도하는 동반자가 된다.

경건은 하루아침에 이루어지지 않는다. 매일 말씀과 기도 가운데 자신을 돌아보며 하나님 앞에 나아갈 때, 조금씩 자라나는 것이다. 외적 조건보다 경건을 점검하라. 그것이 하나님이 기뻐하시는 결혼의 토대다. 하나님 앞에서 정직하고, 자신을 다듬고, 서로를 말씀 안에서 세워 가는 결혼, 그것이 바로 경건한 결혼이다.

069

아내를 기다리는 남자

말씀 | 창세기 24:63-67

63 이삭이 저물 때에 들에 나가 묵상하다가 눈을 들어 보매 낙타들이 오는지라 **64** 리브가가 눈을 들어 이삭을 바라보고 낙타에서 내려 **65** 종에게 말하되 들에서 배회하다가 우리에게로 마주 오는 자가 누구냐 종이 이르되 이는 내 주인이니이다 리브가가 너울을 가지고 자기의 얼굴을 가리더라 **66** 종이 그 행한 일을 다 이삭에게 아뢰매 **67** 이삭이 리브가를 인도하여 그의 어머니 사라의 장막으로 들이고 그를 맞이하여 아내로 삼고 사랑하였으니 이삭이 그의 어머니를 장례한 후에 위로를 얻었더라

묵상을 위한 질문

1. 이삭은 무엇을 하다가 리브가를 만났나요? (63절)

2. 묵상은 말씀을 읽고 기도하며 하나님과 교제하는 시간입니다. 매일 묵상하는 삶을 살고 있나요?

적용

형제/자매의 삶에서 경건하게 살아가려는 모습을 찾아보고, 서로 격려해 주세요. 또 각자의 삶에서 경건하지 못한 부분이 있는지 함께 돌아보고, 어떻게 달라질 수 있을지 나누어 보세요.

기도

사랑의 하나님, 우리의 삶이 날마다 경건해지기를 원합니다. 특별히 두 사람이 만나 새로운 가정을 준비하는 우리가 묵상과 경건에 이르는 연습으로 더욱 주님을 깊이 알아 가게 해 주세요. 예수님의 이름으로 기도합니다. 아멘.

메시지

이삭과 리브가는 족장 시대의 가장 모범적인 부부로 인정받고 있습니다. 일반적으로 족장 시대에는 일부다처제가 보편적이었습니다. 그러나 이삭은 오직 한 여인 리브가만을 사랑했던 모범적인 족장이었습니다. 성경은 리브가를 만나는 과정에서 그의 삶을 엿볼 수 있는 한 장면을 보여 줍니다.

이삭은 저녁에 들에 나가서 묵상을 하고 있었습니다. 그 당시는 오늘과 같은 성경이 없었기 때문에 우리처럼 큐티를 하지는 않았을 것입니다. 그러나 분명히 알 수 있는 것은 이삭이 홀로 시간을 내어 하나님을 묵상하며 기도했다는 사실입니다. 이 말씀을 통해 우리는 이삭의 평소 모습을 생각해 볼 수 있습니다.

묵상은 훈련입니다. 그리고 오랜 연습으로 습관이 됩니다. 성경은 이삭이 리브가를 만날 때 묵상하고 있었다고 기록합니다. 이는 그날 우연히 한 행동이 아니라, 평소 경건한 삶의 모습을 보여 줍니다. 가정을 이룰 준비를 하거나 가정을 이끌어 갈 남성들은 이삭처럼 경건의 연습을 해야 합니다.

남성은 가정의 제사장입니다. 제사장은 가족의 신앙을 돌보아야 하며 그들이 말씀 안에서 견고히 살도록 가르칠 책임이 있습니다. 세상에는 남성들이 경건하지 못하도록 만드는 요소가 많습니다. 그러므로 더욱 영적 훈련으로 무장해야 합니다. 지금부터의 훈련이 앞으로 가정을 경건하게 세워가는 힘이 될 것입니다. ♥

070
경건에 이르는 연습

말씀 | 디모데전서 4:6-8

6 네가 이것으로 형제를 깨우치면 그리스도 예수의 좋은 일꾼이 되어 믿음의 말씀과 네가 따르는 좋은 교훈으로 양육을 받으리라 **7** 망령되고 허탄한 신화를 버리고 경건에 이르도록 네 자신을 연단하라 **8** 육체의 연단은 약간의 유익이 있으나 경건은 범사에 유익하니 금생과 내생에 약속이 있느니라 (도움말: "망령되고 허탄한 신화"–구원과 영생과는 관계없는 족보나 신분에 관한 이야기들)

묵상을 위한 질문

1. 우리가 버려야 할 것은 무엇인가요? (7절)

2. 경건의 연습이 육체의 연습과 다른 점은 무엇인가요?

적용

경건에 이르기 위해 내가 꾸준히 할 수 있는 구체적인 연습에는 무엇이 있을까요? 말씀 읽기, 기도, 섬김 등 자신에게 필요한 부분을 생각해 보고, 어떻게 지속적으로 실천할 수 있을지 함께 나누어 보세요.

기도

사랑의 하나님, 우리는 육체의 연습은 많이 하지만 경건의 연습은 게을리합니다. 주님 앞에 설 때 부끄럽지 않도록, 날마다 경건의 훈련에 힘쓰게 해 주세요. 예수님의 이름으로 기도합니다. 아멘.

메시지

『성공하는 사람들의 7가지 습관』으로 유명한 스티븐 코비 박사는 성공하는 사람들은 중요한 것을 먼저 하는 사람들이라고 말합니다. 대부분의 사람들은 별로 중요하지 않으면서 급한 일에 시간을 보내다가, 중요하면서 급하지 않다고 여겨지는 것을 놓치게 됩니다. 전자가 일상의 잡무라면, 후자는 묵상과 경건 그리고 미래를 위한 준비들입니다.

성경은 육체의 연습도 약간의 유익이 있다고 말합니다. 그러나 이것은 육체의 죽음과 동시에 모두 끝납니다. 반면 경건에 이르는 연습은 지금 살고 있는 세상뿐 아니라 죽음 이후에도 유익합니다. 결국 우리는 하나님의 나라에 가서 하나님과 함께 영원히 살 존재입니다. 따라서 이 땅의 것을 추구하기보다 영적인 경건 훈련에 더 큰 노력을 기울여야 합니다. 그러나 앞서 언급했듯이, 급하지 않다고 여겨지기 때문에 늘 소외되다가 결국 잊히는 주제가 됩니다.

그리스도인들은 인생에서 무엇이 진정 중요한지를 아는 사람들입니다. 따라서 이 땅의 영화보다 예수님과 함께 받는 고난을 선택하며 영생을 얻기를 추구합니다. 지금 우리에게 무엇이 더 중요한지 깊이 생각해 보세요. 눈앞의 작은 이익을 얻으려고 평생 노력하다가, 노년에 삶을 허비했음을 깨닫고 하나님 앞에서 후회하는 일은 없어야 합니다. 이 땅에서 가장 복된 삶은 하나님을 기억하며 그분을 경외하는 삶입니다. ♥

071
쉬지 말고 기도하라

말씀 | 데살로니가전서 5:16-22

16 항상 기뻐하라 **17** 쉬지 말고 기도하라 **18** 범사에 감사하라 이것이 그리스도 예수 안에서 너희를 향하신 하나님의 뜻이니라 **19** 성령을 소멸하지 말며 **20** 예언을 멸시하지 말고 **21** 범사에 헤아려 좋은 것을 취하고 **22** 악은 어떤 모양이라도 버리라

묵상을 위한 질문

1. 쉬지 말고 기도하라는 의미는 무엇인가요?

2. 나의 기도 생활은 규칙적인가요? 그렇지 않다면 어떻게 개선할 수 있을까요?

적용

서로를 위해 어떻게 기도하고 있나요? 함께 기도 제목을 나누고, 기록해 두었다가 계속 기도해 주세요.

기도

사랑의 하나님, 우리가 서로를 위해 기도하며 하나님과 더 깊은 교제를 나누길 원합니다. 기도가 끊어지지 않고 계속되도록 도와주세요. 예수님의 이름으로 기도합니다. 아멘.

메시지

일반적으로 그리스도인들이 하나님 앞에서 갖는 세 가지 태도가 있습니다. 첫째, "이것이 죄입니까? 아닙니까?"라고 묻는 태도입니다. 이들은 대부분 세속적인 그리스도인이며, 여전히 세상에 미련이 많습니다. 둘째, "하나님의 뜻은 무엇입니까?"라고 묻는 태도입니다. 하나님의 뜻과 내 뜻이 같을 때 한 번쯤 순종하겠다는 소극적인 신앙과 자기중심적인 태도를 가진 자들입니다. 셋째, "어떻게 하면 하나님을 기쁘시게 할 수 있을까?"로 고민하는 태도입니다. 이들은 긍정적이고 적극적인 신앙을 가지고 있습니다.

오늘 본문은 분명한 하나님의 뜻이 무엇인지 말해 줍니다. 항상 기뻐하는 것, 쉬지 말고 기도하는 것, 범사에 감사하는 것이 하나님의 뜻이라고 했습니다. "항상"과 "범사"라는 단어는 좋을 때뿐만 아니라, 슬플 때와 고통받을 때를 포함합니다. 이처럼 환경을 초월한 기쁨과 감사를 나누는 것은 하나님의 뜻입니다.

쉬지 말고 기도하라는 것은 밥도 먹지 말고 기도하라는 의미가 아니라 기도의 흐름을 끊지 말라는 것입니다. 즉, 지속해서 기도해야 합니다. 서로를 위해 지속해서 기도하는 것은 분명한 하나님의 뜻입니다.

기도는 능력입니다. 하나님은 우리보다 크시기에 우리가 생각지도 못한 일들을 이루십니다. 다만 기도하는 자를 통해 이루기를 원하십니다. 서로에게 할 수 있는 가장 큰 선물은 상대방을 위해 계속 기도하는 것입니다. ♥

072

말씀과 묵상

말씀 | 시편 119:9-16

9 청년이 무엇으로 그의 행실을 깨끗하게 하리이까 주의 말씀만 지킬 따름이니이다 10 내가 전심으로 주를 찾았사오니 주의 계명에서 떠나지 말게 하소서 11 내가 주께 범죄하지 아니하려 하여 주의 말씀을 내 마음에 두었나이다 12 찬송을 받으실 주 여호와여 주의 율례들을 내게 가르치소서 13 주의 입의 모든 규례들을 나의 입술로 선포하였으며 14 내가 모든 재물을 즐거워함 같이 주의 증거들의 도를 즐거워하였나이다 15 내가 주의 법도들을 작은 소리로 읊조리며 주의 길들에 주의하며 16 주의 율례들을 즐거워하며 주의 말씀을 잊지 아니하리이다

묵상을 위한 질문

1. 거룩하고 깨끗한 삶을 사는 방법은 무엇인가요?

2. 15절의 "읊조리며, 주의하며"라는 표현을 볼 때, 우리는 말씀을 어떤 태도로 대해야 할까요?

적용

지난 일주일 동안 나의 말씀 생활은 어떠했나요? 말씀을 정확하게 이해하기 위해 내가 노력해야 할 부분은 무엇인가요? 그 방법과 다짐을 함께 나누어 보세요.

기도

사랑의 하나님, 말씀을 올바르게 이해하고 묵상함으로 하나님 중심으로 변화되게 해 주세요. 그리고 하나님의 말씀을 더 깊이 깨달아 경건한 삶을 살아가게 해 주세요. 예수님의 이름으로 기도합니다. 아멘.

메시지

묵상은 하나님의 말씀을 내 마음과 생각에 담아 두고 되새김질하는 것을 의미합니다. 그러므로 묵상은 말씀을 떠나서는 생각할 수 없습니다. 그리스도인의 묵상은 하나님의 말씀을 우리 속에 채우는 것입니다. 그럴 때 우리의 생각에 변화가 일어납니다. 생각은 사람의 몸과 마음을 지배하고 결국 행동을 변화시킵니다. 자기중심적인 삶이 하나님 중심적으로 변하는 계기는 바로 말씀에서 비롯됩니다.

그러므로 묵상을 깊이 하려면 말씀을 정확하게 이해하는 연습과 훈련이 필요합니다. 성경을 많이 읽으면서 말씀대로 살지 않거나 심지어 이단이 나오는 이유는 무엇일까요? 말씀의 진정한 의미를 살피지 못하고 자기에게 유리한 대로 해석해 적용하기 때문입니다.

성경을 읽고 묵상할 때, 하나님이 어떤 분이신지 주의 깊게 살펴보며 그분을 수식하는 말들이나 관련된 표현을 찾아 표시해 보세요. 또는 본문에서 중요하다고 여겨지는 단어를 중심으로 그 단어가 의미하는 것들을 찾고 이를 모아 목록을 만들어 보는 것도 중요합니다.

하나님의 말씀이 우리 안에 있을 때 우리의 삶과 행동은 깨끗하고 거룩해집니다. 아침마다 주님의 말씀을 읽고 기록하며 주님이 원하시는 바가 무엇인지를 묵상할 때, 점차 주님의 성품을 닮아 가게 됩니다. 그러므로 무엇보다 먼저 묵상이 습관이 되도록 꾸준히 연습해야 합니다. ♥

073

Date   .   .

경건과 암송

말씀 | 마태복음 4:1-4

1 그때에 예수께서 성령에게 이끌리어 마귀에게 시험을 받으러 광야로 가사 2 사십 일을 밤낮으로 금식하신 후에 주리신지라 3 시험하는 자가 예수께 나아와서 이르되 네가 만일 하나님의 아들이어든 명하여 이 돌들로 떡덩이가 되게 하라 4 예수께서 대답하여 이르시되 기록되었으되 사람이 떡으로만 살 것이 아니요 하나님의 입으로부터 나오는 모든 말씀으로 살 것이라 하였느니라 하시니

묵상을 위한 질문

1. 예수님은 시험을 어떻게 물리치셨나요?

2. 예수님이 인용하신 말씀은 어디에 나오는 말씀인가요?

적용

두 사람이 함께 암송할 말씀을 정해 보세요. 함께 외우며 서로 확인해 주고, 그 말씀을 삶에서 어떻게 실천할 수 있을지 나누어 보세요.

기도

사랑의 하나님, 우리에게 말씀을 주시고 바른 삶을 살게 하시니 감사합니다. 우리에게 의지와 용기를 주셔서 주님의 말씀을 기쁨으로 암송하게 하시고, 말씀으로 자신을 정결하게 지킬 수 있도록 인도해 주세요. 예수님의 이름으로 기도합니다. 아멘.

메시지

우리는 아름다운 시나 좋은 격언을 보면 외우려고 합니다. 사랑하는 사람 앞에서 멋있게 말하거나, 필요할 때마다 유용하게 사용하기 위해서입니다. 이렇게 일반적인 경우에도 유용하지만, 말씀을 암송할 때는 더 큰 유익이 있습니다.

우리가 하나님의 말씀을 암송해야 하는 이유는 무엇일까요? 암송은 경건에 유익이 되며, 하나님의 명령이기도 하기 때문입니다. 무엇보다도 암송은 시험이나 유혹이 찾아올 때 우리에게 큰 도움이 됩니다.

오늘 본문은 예수님이 마귀에게 시험을 받으시는 장면입니다. 시험하는 자가 세상의 것으로 유혹하자 예수님은 하나님의 말씀으로 물리치셨습니다. 예수님께서 인용하신 말씀은 신명기 8장 3절로 이스라엘 백성에게 만나를 주신 이유를 설명하신 부분입니다. 예수님은 말씀을 인용하심으로 사람이 살아야 할 분명한 방향을 제시하셨습니다.

말씀을 암송하지 않았을 때는 유혹이 찾아올 때 자기 뜻대로 행동하기 쉽지만, 말씀을 암송하면 성령님이 그 말씀을 기억나게 하셔서 자신을 정결하게 지키도록 인도하십니다. 이번 기회에 두 사람이 함께 외울 수 있는 성경 한 장을 준비해 보세요. 시편 23편이나 고린도전서 13장 등과 같은 말씀을 함께 외워 보고, 암송 구절을 활용해 기도문을 작성하거나 삶에 적용하는 연습을 해 보세요. 시험을 당할 때나 잠잠히 홀로 있을 때, 암송한 주님의 말씀을 되새겨 보면 하나님이 주시는 큰 은혜를 경험할 수 있습니다. ♥

074
가정 예배

말씀 | 사도행전 10:24-33

24 이튿날 가이사랴에 들어가니 고넬료가 그의 친척과 가까운 친구들을 모아 기다리더니 25 마침 베드로가 들어올 때에 고넬료가 맞아 발 앞에 엎드리어 절하니 26 베드로가 일으켜 이르되 일어서라 나도 사람이라 하고 27 더불어 말하며 들어가 여러 사람이 모인 것을 보고 28 이르되 유대인으로서 이방인과 교제하며 가까이 하는 것이 위법인 줄은 너희도 알거니와 하나님께서 내게 지시하사 아무도 속되다 하거나 깨끗하지 않다 하지 말라 하시기로 29 부름을 사양하지 아니하고 왔노라 묻노니 무슨 일로 나를 불렀느냐 30 고넬료가 이르되 내가 나흘 전 이맘때까지 내 집에서 제 구 시 기도를 하는데 갑자기 한 사람이 빛난 옷을 입고 내 앞에 서서 31 말하되 고넬료야 하나님이 네 기도를 들으시고 네 구제를 기억하셨으니 32 사람을 욥바에 보내어 베드로라 하는 시몬을 청하라 그가 바닷가 무두장이 시몬의 집에 유숙하느니라 하시기로 33 내가 곧 당신에게 사람을 보내었는데 오셨으니 잘하였나이다 이제 우리는 주께서 당신에게 명하신 모든 것을 듣고자 하여 다 하나님 앞에 있나이다

묵상을 위한 질문

1. 고넬료는 베드로를 기다리며 어떤 준비를 했나요? (24절)

2. 말씀을 듣는 고넬료의 태도는 어떠했나요? (25, 33절)

적용

가정 예배를 어떻게 드릴 수 있을지 함께 이야기해 보세요. 실현 가능한 방법을 나누고, 작은 것부터 실천해 보세요.

기도

사랑의 하나님, 가정을 통해 하나님의 뜻을 실현하도록 인도하시니 감사합니다. 우리의 가정이 하나님 앞에 귀히 쓰임받는 가정, 예배를 드리는 가정이 되게 해 주세요. 예수님의 이름으로 기도합니다. 아멘.

메시지

묵상은 개인적인 경건 훈련입니다. 묵상을 통해 하나님과의 관계가 깊어지며 믿음 안에 더욱 견고히 서게 됩니다. 묵상이 개인의 영역이라면, 가정 예배는 한층 더 확대된 경건의 영역입니다. 가정은 작은 하나님의 나라입니다. 그 하나님의 나라에서 우리가 반드시 해야 할 일은 예배입니다.

이방인 고넬료는 하나님의 말씀을 듣기 위해 베드로를 초대하고, 친척과 친구들을 모아 함께 기다렸습니다. 그는 말씀을 혼자만 들은 것이 아니라 가족과 함께 들었고, 그로 인해 가정의 구원을 이루었습니다.

이처럼 많은 초대교회가 가정교회에서 시작되었습니다. 예루살렘 교회는 마가의 다락방에서, 빌립보 교회는 자색 옷감 장사 루디아의 집에서 시작되었습니다. 전승에 따르면 고넬료의 가정 역시 로마 교회를 세우는 데 중요한 역할을 했다고 봅니다. 가정 예배는 가정 안에서 하나님께 영광을 돌리는 자리일 뿐만 아니라, 때로는 믿지 않는 이들에게 복음을 전하는 선교의 장이 되기도 합니다.

오늘날 도시의 생활 구조는 가정 예배를 드리기에 적합하지 않은 면이 많습니다. 매일 가정 예배를 드릴 수 없다면, 일주일에 한 번 혹은 한 달에 한 번이라도 예배를 드리려고 노력해 보세요. 설이나 추석, 결혼기념일이나 생일 등의 특별하고 기념할 만한 날에 가족이 함께 예배를 드린다면, 더욱 뜻깊은 감사의 자리가 될 것입니다. ♥

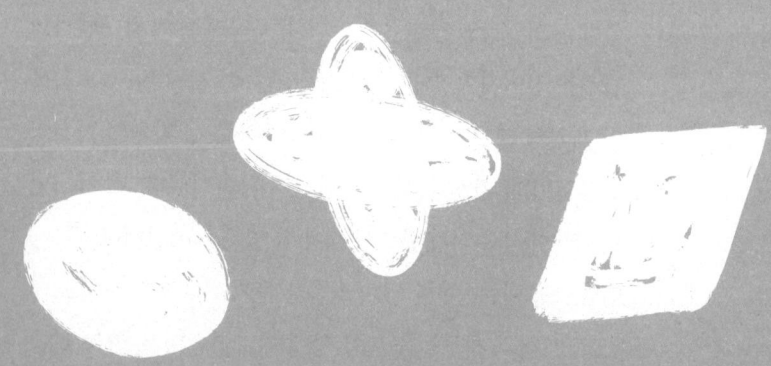

바른 삶

Letter. 세상 속에서 하나님께 영광 돌리는 인생

우리는 세상 속에 살고 있지만 세상의 방식대로 살아서는 안 된다. 세상은 성공과 경쟁, 더 많은 소유를 추구하지만, 주님은 우리에게 소금과 빛이 되라 하셨다(마 5:13-16). 소금은 부패를 막고, 빛은 어둠을 밝힌다. 그리스도인의 삶은 세상의 무게 중심을 바꾸는 거룩한 영향력을 발휘해야 한다.

바른 삶은 세상과 구별된 거룩함 속에서 세상 한복판에 뿌리내리는 삶이다. 그 중심에는 하나님의 영광이 있다. 내 이름이 아니라 하나님의 이름이 드러나는 삶, 내 만족이 아니라 하나님의 뜻이 이루어지는 삶이 곧 바른 삶이다. 그것은 자기 인생을 포기하는 것이 아니라, 모든 삶의 이유를 하나님 안에서 새롭게 해석하며 살아가는 것이다.

이런 삶은 큰 무대에서만 드러나지 않는다. 우리는 일상과 직장, 가정에서 만나는 예기치 않은 갈등과 유혹에 세상과 다르게 반응하는 법을 배운다. 때로는 손해처럼 보일 수 있고, 오해를 받을 수도 있다. 그러나 하나님의 백성은 그 자리에서 소금과 빛이 된다.

오늘 우리는 어떤 기준으로 살아가고 있는가? 세상의 박수를 기준으로 삼고 있는가, 아니면 하나님의 인정을 가장 귀한 상으로 여기고 있는가? 세상이 더 높이, 더 많이를 외칠 때, 그리스도인은 더 낮게, 더 깊이 묵묵하게 걸어간다. 그 길 위에서 하나님은 영광을 받으시고, 그런 인생을 기뻐하신다.

075
가난한 마음

말씀 | 마태복음 5:1-4

1 예수께서 무리를 보시고 산에 올라가 앉으시니 제자들이 나아온지라 2 입을 열어 가르쳐 이르시되 3 심령이 가난한 자는 복이 있나니 천국이 그들의 것임이요 4 애통하는 자는 복이 있나니 그들이 위로를 받을 것임이요

묵상을 위한 질문

1. 산상수훈은 누가 어디에서 누구에게 가르친 말씀인가요?

2. 어떤 자가 천국에 가나요? (3절)

적용

나의 심령은 가난한가요? 나는 주님을 얼마나 의지하며 갈망하고 있나요? 주님을 바라보며 경험한 갈급함과 주신 은혜를 함께 나누어 보세요.

기도

사랑의 하나님, 우리에게 가난한 마음을 주셔서 주님만 의지하게 해 주세요. 주님 없이는 살 수 없다는 마음으로 살게 해 주시고, 세상의 것보다 주님을 더 갈망하게 해 주세요. 날마다 말씀과 기도로 주님과 동행하며, 주님이 주시는 은혜와 평안 안에서 살게 해 주세요. 예수님의 이름으로 기도합니다. 아멘.

메시지

오늘부터 묵상할 여덟 가지 주제는 예수님의 가르침 중에 가장 중요한 산상수훈의 팔복입니다. 이 말씀에는 그리스도인들이 어떤 삶을 살아야 하는지가 모두 담겨 있습니다. 예수님은 마음이 가난한 사람이 천국에 간다고 말씀하셨습니다. 따라서 우리가 천국에 가려면 마음이 가난해야 합니다.

먼저, 마음이 가난하다는 말은 욕심 없이 산다는 의미로 느껴질 수 있습니다. 빈 마음이나 욕심 없는 상태로 살아가는 것이 마음이 가난한 상태라고 생각할 수 있습니다. 바른 해석을 위해 원어의 의미를 살펴보면, '가난하다'의 '가난'은 단순한 부족이 아니라 내일 먹을 양식조차 없는 극심한 상태를 뜻합니다. 그래서 '마음이 가난하다'는 것은 절박한 상황 속에서 간절히 주님을 찾는 것을 말하며, 결국 하나님 없이는 살 수 없다는 전적인 의존을 가리킵니다.

그렇다면 그 반대는 주님 없이 살 수 있다고 말하는 교만의 상태일 것입니다. 우리가 살아가는 모든 날 동안 자신이 죄인임을 깨닫고, 주님의 사랑과 도우심 없이는 살 수 없는 존재임을 인정하는 것이 필요합니다.

날마다 주님의 보살핌과 도우심을 구하며 사는 그 사람이 바로 마음이 가난한 자이며, 천국은 이런 자의 것입니다. 우리의 삶에는 언제나 예수님이 절실히 필요합니다. 그러므로 우리는 매 순간 그분 없이는 살 수 없음을 고백하며, 주님을 간절히 갈망하는 마음으로 살아가야 합니다. 💙

076

Date   .   .

죄를 슬퍼하며

말씀 | 마태복음 5:3-6

3 심령이 가난한 자는 복이 있나니 천국이 그들의 것임이요 **4** 애통하는 자는 복이 있나니 그들이 위로를 받을 것임이요 **5** 온유한 자는 복이 있나니 그들이 땅을 기업으로 받을 것임이요 **6** 의에 주리고 목마른 자는 복이 있나니 그들이 배부를 것임이요

묵상을 위한 질문

1. 어떤 자가 하나님의 위로를 받게 되나요?

2. 우리는 무엇으로 인해 애통해야 하나요?

적용

내가 죄에 얼마나 민감하게 반응하고 있는지 돌아보세요. 사소한 죄라고 생각하며 무심히 넘기고 있지는 않나요? 죄를 피하고 거룩을 지키기 위해 실천할 수 있는 방법을 함께 나누어 보세요.

기도

사랑의 하나님, 예수님의 마음과 눈으로 세상과 교회 그리고 제 자신을 바라보게 해 주세요. 우리에게 죄로 인해 애통하는 마음을 주셔서 주님을 더욱 의지하며 거룩한 삶을 살게 해 주세요. 예수님의 이름으로 기도합니다. 아멘.

메시지

예수님은 우리가 살아가는 동안 애통하며 살라고 말씀하셨습니다. 애통이란 단어는 고통으로 몸부림치고 처절하게 탄식하며 슬피 우는 것을 의미합니다. 왜 예수님은 기뻐하며 춤을 추라고 하지 않으시고, 애통하라고 하셨을까요?

오늘 본문의 '애통'은 죄에 대한 애통입니다. 이 땅에 가득한 부패와 죄악을 보고도 아무렇지 않거나 오히려 즐기고 있다면, 이미 하나님과의 관계가 무뎌졌다는 뜻일지도 모릅니다. 그렇다면 우리는 무엇으로 인해 애통해야 할까요?

먼저, 세상의 죄로 인해 애통해야 합니다. 이 시대는 돈으로 죄를 짓는 시대입니다. 가난한 자들의 인권을 짓밟고 힘 있는 자들의 권력과 횡포가 난무합니다. 죄는 바이러스처럼 번져서 세상을 타락하게 하며 주님으로부터 떠나게 합니다. 우리는 이러한 세상을 보며 슬퍼해야 합니다.

다음으로, 교회에 들어온 죄로 인해 애통해야 합니다. 교회는 이 시대의 유일한 희망입니다. 그러나 교회 안에 죄가 만연해 있습니다. 우리는 교회에서 일어나는 죄로 인해 애통해야 합니다.

마지막으로, 우리는 자신의 죄로 인해 애통해야 합니다. 죄를 짓는 것을 두려워하고 나의 죄로 인해 애통하고 회개하는 거룩한 삶을 살도록 노력해야 합니다. 죄로 인해 애통하는 사람은 하나님께서 주시는 참된 위로를 경험하게 될 것입니다.♥

077
온유한 자

말씀 | 마태복음 5:5-8

5 온유한 자는 복이 있나니 그들이 땅을 기업으로 받을 것임이요 **6** 의에 주리고 목마른 자는 복이 있나니 그들이 배부를 것임이요 **7** 긍휼히 여기는 자는 복이 있나니 그들이 긍휼히 여김을 받을 것임이요 **8** 마음이 청결한 자는 복이 있나니 그들이 하나님을 볼 것임이요

묵상을 위한 질문

1. 성경의 온유함과 세상의 부드러움과는 어떤 차이가 있나요?

2. 온유한 자는 어떤 복을 누리게 되나요?

적용

앞서 '사랑은 온유하며'에서 온유를 묵상했는데, 나는 예수님의 온유한 성품을 얼마나 닮아 가고 있나요? 내 말과 행동에서 그분의 온유함이 드러나고 있나요? 다시 한번 자신을 돌아보고, 내가 어떤 상황에서 온유함을 선택할 수 있을지 고민하고 함께 나누어 보세요.

기도

사랑의 하나님, 아브라함이 온유함으로 땅을 양보했을 때 믿음의 조상이 된 것처럼, 우리도 하나님의 주권을 신뢰하며 온유를 선택하게 해 주세요. 그 온유가 복음과 하나님의 나라를 세우는 일에 쓰임받게 해 주세요. 예수님의 이름으로 기도합니다. 아멘.

메시지

온유한 자는 땅을 기업으로 받습니다. 기업으로 받는다는 표현은 구약성경에서 이스라엘 백성들이 가나안 땅을 받는 것을 의미할 때 사용되었습니다. 기업의 뜻은 하나님께서 자녀에게 유산처럼 주시는 복을 의미합니다. 이스라엘 백성들은 하나님의 약속을 믿고 순종함으로 젖과 꿀이 흐르는 가나안을 선물로 받았습니다. 구약 백성들에게 땅은 하나님의 언약과 복의 상징입니다.

신약 시대에서 이 의미는 하나님의 나라를 상속받는다는 의미로 사용됩니다. 우리가 복음을 전함으로 예수님을 믿고 말씀을 순종하는 이들이 많아지는 것을 하나님의 나라가 임한다고 합니다. 이 땅에서 그리스도인의 사명은 땅끝까지 복음을 전해 하나님의 나라가 임하도록 하는 것입니다.

이 귀한 사역에 우리의 온유한 성품이 사용됩니다. 하나님은 온유한 자에게 땅을 기업으로 주신다고 약속하셨습니다. 아브라함은 롯의 종과 자신의 종이 재산 문제로 다투었을 때 롯에게 좋은 땅을 양보했습니다. 당시 그는 경제적으로 큰 손실을 입었을 것입니다. 그러나 온유함을 선택했기에 하나님의 약속 안에서 믿음의 조상이 되었습니다.

우리의 공격적인 성품을 다스리고 하나님의 주권에 맡기는 순종을 실현할 때 하나님의 나라는 점차 확장되며, 우리는 하나님의 기업을 소유하게 됩니다. 그리고 예수님을 닮아가는 온유한 성품은 복음 전파와 영혼 구원에 귀하게 쓰임 받을 것입니다. ♥

078
의에 대한 깊은 갈증

Date . .

말씀 | 마태복음 5:6-9
6 의에 주리고 목마른 자는 복이 있나니 그들이 배부를 것임이요 7 긍휼히 여기는 자는 복이 있나니 그들이 긍휼히 여김을 받을 것임이요 8 마음이 청결한 자는 복이 있나니 그들이 하나님을 볼 것임이요 9 화평하게 하는 자는 복이 있나니 그들이 하나님의 아들이라 일컬음을 받을 것임이요

묵상을 위한 질문

1. 무엇에 대해 주리고 목말라해야 하나요?

2. 우리가 사모해야 할 의는 어떤 의인가요?

적용

날을 정해서 하루나 한 끼 정도를 금식하며 주림과 목마름을 경험해 보세요. 그리고 그 경험을 나누며, 어떻게 하나님을 더 갈망할 수 있을지 함께 이야기해 보세요.

기도

사랑의 하나님, 성령님의 도우심으로 죄를 멀리하게 하시고, 주님의 의를 사모하는 깊은 열정으로 살아가게 해 주세요. 예수님의 이름으로 기도합니다. 아멘.

메시지

오늘 본문은 팔복 중 네 번째 말씀입니다. 예수님은 의에 주리고 목마른 자가 되라고 하셨습니다. 여기서 "주리고 목마른"이라는 표현은 깊은 갈증을 의미합니다. 시편 기자는 이러한 갈증을 사슴이 시냇물을 찾는 모습으로 비유하기도 했습니다. 우리의 깊은 갈증은 경제적이거나 부에 관한 것이 아니라, 의에 대한 깊은 갈증이어야 합니다.

의에는 두 종류가 있습니다. 하나는 천국으로 이끄는 하나님의 의이고, 또 하나는 교만하게 하는 자기의 의입니다. 바리새인들과 당시 종교 지도자들은 자기의 의를 내세웠습니다. 그래서 예수님께 책망을 받았습니다. 주님은 바리새인과 서기관보다 더 나은 의(하나님의 의)를 소유할 때 천국에 갈 수 있다고 말씀하셨습니다.

하나님의 의를 향한 목마름은 날마다 더 간절해져야 합니다. 이 목마름은 하나님의 뜻대로 살기를 갈망하는 열망입니다. 성령 하나님께 간구할 때 우리는 이러한 의를 더 깊이 사모하게 될 것입니다.

하나님의 의를 사모하는 사람은 자신의 우상을 버리고 잘못된 습관을 고쳐 나가게 됩니다. 그렇게 할 때 하나님 나라의 확장에 관심을 두고, 그분의 선하신 뜻을 이루려는 열망을 품게 됩니다. 목이 마르고 배가 고플 때마다 내 안에 하나님의 의를 향한 갈급함이 얼마나 있는지 묵상해 보세요. ♥

079
긍휼을 베풀며

말씀 | 마태복음 5:7-10
7 긍휼히 여기는 자는 복이 있나니 그들이 긍휼히 여김을 받을 것임이요 8 마음이 청결한 자는 복이 있나니 그들이 하나님을 볼 것임이요 9 화평하게 하는 자는 복이 있나니 그들이 하나님의 아들이라 일컬음을 받을 것임이요 10 의를 위하여 박해를 받은 자는 복이 있나니 천국이 그들의 것임이라

묵상을 위한 질문

1. 마태복음 18장 21-35절까지 읽어 보세요. 긍휼을 모르는 자의 결과는 어떠한가요?

2. 긍휼히 여기는 자는 누구로부터 긍휼히 여김을 받게 되나요?

적용
오늘 나의 가까운 이웃 중에서 긍휼히 여김이 필요한 사람이 누구인지 떠올려 보세요. 그 사람에게 어떻게 긍휼을 베풀 수 있을지 고민하고, 실천할 수 있는 방법을 함께 나누어 보세요.

기도
사랑의 하나님, 우리가 오늘도 살아가는 것이 주님의 은혜와 긍휼 때문임을 깨닫게 하시니 감사합니다. 늘 이웃에게 주님의 자비와 사랑을 베풀며 살아가게 해 주세요. 예수님의 이름으로 기도합니다. 아멘.

메시지

긍휼이라는 단어는 일반적으로 잘 사용되지 않습니다. 이 단어의 근원은 하나님으로부터 왔으며, 친절, 사랑, 인자로 번역될 수 있습니다. 참된 긍휼을 베푸시는 분은 하나님이시기 때문입니다. 사람들은 종종 자신이 똑똑하고 잘나서 살아간다고 생각하지만, 우리가 지금까지 살아올 수 있었던 것은 전적으로 하나님의 크신 자비와 긍휼 때문입니다.

이 자비는 단순히 불쌍히 여기는 마음이나 스쳐 가듯 작은 도움을 주는 것이 아닙니다. 어려움에 처한 사람을 외면하지 않고, 실제로 그들을 찾아가 적극적으로 돕고 베푸는 것을 의미합니다.

예수님은 병든 자를 치료하셨고, 주린 자를 먹이셨고, 귀신 들린 자들에게 놓임을 허락하셨습니다. 예수님은 병을 고치거나 먹을 것을 주실 때, 신분의 차이나 죄인과 의인을 구별하시지 않고 동일한 사랑을 베푸셨습니다. 그리고 긍휼을 베푸는 자가 하나님으로부터 긍휼을 받게 된다고 말씀하셨습니다.

하나님의 긍휼을 아는 자가 다른 사람을 용서할 수 있습니다. 예수님은 일만 달란트 빚진 자의 예를 통해 이웃의 작은 허물을 용서하지 않는 자는 하나님으로부터 용서받지 못한다고 말씀하셨습니다. 우리가 주님의 크신 사랑과 자비로 살아가고 있음을 안다면, 이웃에게도 긍휼을 베풀며 살아야 합니다. 💙

080

Date . .

순결한 마음으로

말씀 | 마태복음 5:8-12

8 마음이 청결한 자는 복이 있나니 그들이 하나님을 볼 것임이요 **9** 화평하게 하는 자는 복이 있나니 그들이 하나님의 아들이라 일컬음을 받을 것임이요 **10** 의를 위하여 박해를 받은 자는 복이 있나니 천국이 그들의 것임이라 **11** 나로 말미암아 너희를 욕하고 박해하고 거짓으로 너희를 거슬러 모든 악한 말을 할 때에는 너희에게 복이 있나니 **12** 기뻐하고 즐거워하라 하늘에서 너희의 상이 큼이라 너희 전에 있던 선지자들도 이같이 박해하였느니라

묵상을 위한 질문

1. 어떤 사람이 하나님을 보게 되나요?

2. 마음이 청결하기 위해서 어떻게 해야 하나요? (요일 1:9)

적용

나는 얼마나 자주 죄를 자백하며 하나님의 용서를 구하고 있나요? 혹시 습관처럼 기도하고 있지는 않은가요? 솔직하게 자신을 돌아보고, 어떻게 하면 더 진실한 마음으로 자백할 수 있을지 함께 나누어 보세요.

기도

사랑의 하나님, 저희들의 마음을 청결하게 하시고 우리의 눈으로 하나님의 귀한 영광을 보게 해 주세요. 날마다 죄와 싸우게 하시고 거룩함을 추구하며 살게 해 주세요. 예수님의 이름으로 기도합니다. 아멘.

메시지

마음이 청결한 자는 하나님을 볼 것이라고 했습니다. 이 말씀은 깨끗한 마음이 있을 때 하나님과의 깊은 영적 교제가 이루어진다는 의미입니다. 그리스도인의 평생은 하나님과 깊은 영적 교제를 누리는 삶이 되어야 합니다.

청결한 마음은 깨끗하고 순결한 상태를 말합니다. 이는 지식, 감정, 의지 등 우리 인격의 모든 영역에서의 순결을 뜻합니다. 따라서 우리가 삶의 모든 영역에서 순결함을 지킬 때 하나님을 더 깊이 느끼고 배우게 될 것입니다.

그렇다면 어떻게 청결한 마음을 유지할 수 있을까요? 요한일서 1장 9절은 죄를 자백하라고 말합니다. 우리가 죄를 자백할 때 주님은 용서하십니다. 따라서 우리는 날마다 주님 앞에서 자신의 죄를 자백해야 합니다.

또한 우리는 말씀을 통해 청결해집니다. 시편 기자는 범죄하지 않으려고 주의 말씀을 마음에 두었다고 고백했습니다. 주님의 말씀은 우리를 교훈과 책망과 바르게 함으로 의롭게 되도록 교육합니다. 하나님의 말씀을 가까이함으로 청결한 마음을 가질 수 있습니다.

이처럼 죄를 자백하고 말씀을 가까이할 때 우리의 삶은 한 단계 더 성장할 것입니다. 그렇게 함으로 의를 행하게 됩니다. 마태복음의 팔복은 예수님의 성품으로 모두 연결된 하나입니다. 즉 마음이 가난한 자가 마음이 청결할 수 있으며, 마음이 청결한 자가 의에 주리고 목말라합니다. 늘 주님 앞에서 청결한 신앙을 유지하도록 노력해 보세요. ♥

081
평화의 도구

말씀 | 마태복음 5:9-12

9 화평하게 하는 자는 복이 있나니 그들이 하나님의 아들이라 일컬음을 받을 것임이요 **10** 의를 위하여 박해를 받은 자는 복이 있나니 천국이 그들의 것임이라 **11** 나로 말미암아 너희를 욕하고 박해하고 거짓으로 너희를 거슬러 모든 악한 말을 할 때에는 너희에게 복이 있나니 **12** 기뻐하고 즐거워하라 하늘에서 너희의 상이 큼이라 너희 전에 있던 선지자들도 이같이 박해하였느니라

묵상을 위한 질문

1. 하나님의 아들은 무엇을 하나요?

2. 우리가 이루어야 할 참된 화평은 무엇을 의미하나요?

적용

가정이나 직장에서 갈등이나 분열이 생겼을 때, 나는 어떻게 반응해 왔나요? 그때의 경험을 돌아보고, 앞으로는 어떤 태도와 방법으로 평화를 이루어 갈 수 있을지 함께 나누어 보세요.

기도

사랑의 하나님, 예수님을 통해 화평을 주심에 감사합니다. 우리도 하나님을 모르는 사람들에게 하나님의 화평을 전하게 해 주세요. 하나님의 자녀로서 우리를 평화의 도구로 써 주시기 원합니다. 예수님의 이름으로 기도합니다. 아멘.

메시지

성 프란시스코는 예수님을 가장 많이 닮은 성자로 칭송받고 있습니다. 그는 늘 평화를 구하며 기도했습니다. 그의 평생 소원은 분열이 있는 곳에 일치를, 미움이 있는 곳에 사랑을 심는 평화의 도구가 되는 것이었습니다.

예수님은 이 땅에 오셔서 하나님과 인간 사이의 평화를 이루셨습니다. 이 땅에 평화가 존재할 수 없고 늘 분쟁과 싸움이 있는 것은 바로 죄 때문입니다. 이 죄는 때로 이기적인 모습으로, 때로 폭력적이거나 권력의 형태로 드러나 불평등과 침략, 그리고 분열을 일으킵니다. 이러한 때에 예수 그리스도의 참된 복음은 분열되고 상처 입은 세상을 치료하며, 우리가 온전히 하나님을 알게 할 것입니다.

예수님이 하나님과의 평화를 이루려고 오셨을 때 우리는 죄인이었습니다. 평화의 왕을 몰랐고 그분을 무시하며 공격했습니다. 그러나 주님은 평화를 이루기 위해 모든 것을 참으셨습니다. 어쩌면 평화를 이루어야 할 영역에 있는 사람들이 우리를 공격할지도 모릅니다. 그러나 예수님처럼 복음과 진리로 평화를 만들어 가야 합니다. 예수님은 평화를 만들어 가는 자가 하나님의 아들이라고 말씀하셨습니다.

아무도 우리가 노력한 평화의 공로를 인정하지 않고 오히려 핍박해도 사람들 사이에, 그리고 하나님과 인간 사이에 평화를 만들어 가는 일을 계속해야 합니다. 왜냐하면 우리는 하나님의 자녀이기 때문입니다. ♥

082

예수님 때문에

말씀 | 베드로전서 2:19-25

19 부당하게 고난을 받아도 하나님을 생각함으로 슬픔을 참으면 이는 아름다우나 **20** 죄가 있어 매를 맞고 참으면 무슨 칭찬이 있으리요 그러나 선을 행함으로 고난을 받고 참으면 이는 하나님 앞에 아름다우니라 **21** 이를 위하여 너희가 부르심을 받았으니 그리스도도 너희를 위하여 고난을 받으사 너희에게 본을 끼쳐 그 자취를 따라오게 하려 하셨느니라 **22** 그는 죄를 범하지 아니하시고 그 입에 거짓도 없으시며 **23** 욕을 당하시되 맞대어 욕하지 아니하시고 고난을 당하시되 위협하지 아니하시고 오직 공의로 심판하시는 이에게 부탁하시며 **24** 친히 나무에 달려 그 몸으로 우리 죄를 담당하셨으니 이는 우리로 죄에 대하여 죽고 의에 대하여 살게 하려 하심이라 그가 채찍에 맞음으로 너희는 나음을 얻었나니 **25** 너희가 전에는 양과 같이 길을 잃었더니 이제는 너희 영혼의 목자와 감독 되신 이에게 돌아왔느니라

묵상을 위한 질문

1. 예수님은 고난받으실 때 어떤 자세로 대응하셨나요?

2. 예수님으로 인해 고난받는 예가 있다면 어떤 경우인가요?

적용

고난을 겪을 때 나는 어떤 태도로 반응하나요? 그 순간 하나님을 어떻게 의지할 수 있을지, 또 서로의 경험을 나누며 배울 점은 무엇인지 함께 이야기해 보세요.

기도

사랑의 하나님, 우리를 위해 고난받으신 주님께 감사합니다. 우리도 복음을 위해 기꺼이 고난받게 하시되, 고난받을 때 예수님처럼 이겨 내게 해 주세요. 예수님의 이름으로 기도합니다. 아멘.

메시지

예수님은 이 땅에 계시면서 천국 복음을 전파하심으로 고난을 받으셨습니다. 이 땅은 죄악으로 가득 차 있기 때문에 선을 행하거나 의를 행하는 자들을 핍박합니다. 오히려 적당히 악에 편승해서 사는 것이 편할 수도 있습니다.

예수님은 복음을 전하는 자는 핍박을 받게 될 것이며, 예수님의 제자가 되려면 핍박도 함께 받게 될 것이라고 하셨습니다. 의로 인해 핍박받는 자는 복이 있습니다. 왜냐하면 하늘의 상이 크기 때문입니다. 뿐만 아니라 예수님은 핍박받는 자들과 함께하시겠다고 약속하셨습니다. 그리스도인의 평생은 예수님으로 인한 고난을 기꺼이 받으려는 삶이 되어야 합니다. 우리는 의로 인해 핍박을 받되, 그 핍박에 어떻게 대응해야 할지도 배워야 합니다.

오늘 본문에서 베드로 사도는 예수님께서 핍박에 어떻게 대응하셨는지를 소개하고 있습니다. 그리고 우리 역시 이러한 일로 부르심을 받았다고 합니다. 예수님은 욕을 받으셨지만 욕하지 않으셨습니다. 고난을 받으셨지만 보복하지 않으셨습니다. 그리고 모든 심판을 하나님께 맡기셨습니다.

우리를 핍박하는 자들에게 보복하지 않고 심판을 하나님께 맡길 수 있는 이유는, 세상을 심판하실 절대주권이 하나님께 있음을 믿기 때문입니다. 예수님으로 인해 핍박을 받는 것을 기꺼이 받아들이며, 의로 인해 핍박받는 자들을 돕고 위로하며 사는 우리의 삶이 되기 바랍니다.♥

083

한결같은 마무리

말씀 | 빌립보서 3:12-16

12 내가 이미 얻었다 함도 아니요 온전히 이루었다 함도 아니라 오직 내가 그리스도 예수께 잡힌 바 된 그것을 잡으려고 달려가노라 **13** 형제들아 나는 아직 내가 잡은 줄로 여기지 아니하고 오직 한 일 즉 뒤에 있는 것은 잊어버리고 앞에 있는 것을 잡으려고 **14** 푯대를 향하여 그리스도 예수 안에서 하나님이 위에서 부르신 부름의 상을 위하여 달려가노라 **15** 그러므로 누구든지 우리 온전히 이룬 자들은 이렇게 생각할지니 만일 어떤 일에 너희가 달리 생각하면 하나님이 이것도 너희에게 나타내시리라 **16** 오직 우리가 어디까지 이르렀든지 그대로 행할 것이라

묵상을 위한 질문

1. 바울의 인생의 목표는 무엇인가요? (롬 14:8 참조)

2. 바울은 인생의 황혼기에 어떤 자세로 살아갔나요? (12절)

적용

바울과 웃시야왕(대하 26장 참조)의 마지막을 비교해 보세요. 나의 삶은 어떤 방향으로 가고 있는지 돌아보고, 끝까지 믿음을 지키기 위해 어떤 노력이 필요할지 함께 나누어 보세요.

기도

사랑의 하나님, 시간이 지날수록 서로를 사랑하는 마음과 하나님을 향한 마음이 더 깊어지게 해 주세요. 우리의 사랑과 신앙이 마지막까지 한결같게 해 주세요. 예수님의 이름으로 기도합니다. 아멘.

메시지

사람들은 무언가를 시작할 때 아름다운 꿈을 꿉니다. 처음 시작할 때는 무엇이든 할 수 있을 것 같고, 그만큼 의욕과 열정이 가득합니다. 그러나 인생을 아름답게 마무리하는 사람은 그리 많지 않습니다.

일반적으로 세 가지 형태의 인생의 마무리가 있습니다. 첫째, 출발은 화려했지만, 불행하게 인생을 마무리한 경우입니다. 대표적인 사람이 웃시야왕입니다. 그는 하나님을 잘 섬겼지만, 마지막 무렵에 하나님을 떠나 제사 지내는 일까지 하려다가 나병에 걸려 불우하게 생을 마감했습니다.

둘째, 화려하게 출발했지만 평범하게 마친 인생으로 다윗과 같은 사람입니다. 왕이 되기 전 다윗은 성결한 하나님의 사람이었습니다. 그런데 왕이 된 후 그의 삶은 아주 나쁘지는 않았지만, 이전처럼 적극적이며 열심이지도 않았습니다.

그리고 셋째, 좋은 출발을 하거나 혹은 그렇지 못한 출발에도 불구하고 아름답게 인생을 마무리하는 사람들이 있습니다. 바로 바울과 같은 사람입니다.

인생은 마라톤과 같습니다. 마지막을 잘 마무리하는 사람이 진정한 승자입니다. 우리의 가정이 늘 한결같으며, 가장 아름다운 시기가 황혼이 되도록 기도하고 노력해야 합니다. 여러분의 결혼이 시간이 지날수록 더 깊어지고, 마지막에 가장 아름답게 완성되기를 소망합니다. ♥

가정

Letter. 이 땅에서 천국을 맛보는 자리

하나님께서 처음 인간에게 주신 공동체인 가정은 천국의 모형으로, 그 안에서 생명이 자라고 사랑이 싹트며 하나님과의 친밀함이 유지된다. 가정은 또한 다음 세대를 세우는 하나님의 통로다. 자녀는 부모의 소유가 아니라 하나님이 맡기신 생명이며, 그들을 통해 하나님의 마음을 배우고 은혜를 경험하게 된다. 자녀 양육은 하나님을 사랑하고 이웃을 섬길 줄 아는 인격을 기르는 일이다.

가정이 주는 축복은 가장 강력하고 깊은 회복의 힘을 가지고 있다. 하루의 수고 끝에 함께 둘러앉는 식탁, 기도해 주는 손길, 말이 없이도 이해되는 눈빛 하나가 우리를 다시 살아가게 만든다. 물론 모든 가정이 이상적이지는 않으며, 갈등과 실망, 눈물도 있을 수 있다. 하지만 그 안에서도 하나님은 회복하시며 다시 사랑하게 하신다.

가정은 삶의 중심이자 하나님의 나라를 이루는 실제적인 현장이다. 하나님은 가정을 통해 우리의 성품을 다듬고 사랑의 근육을 키우며, 이 땅에서 천국을 살아가도록 이끄신다. 서로를 귀히 여기고 믿음의 말과 기도로 가정을 지켜 가는 작은 순간들이 모여 하나님 나라의 위대한 축복을 이룬다. 가정은 하나님께서 이 땅에 주신 선물이자 그분의 임재가 머무는 거룩한 공간이다.

084
우리를 향한 하나님의 기대

말씀 | 이사야 43:2-4

2 네가 물 가운데로 지날 때에 내가 너와 함께 할 것이라 강을 건널 때에 물이 너를 침몰하지 못할 것이며 네가 불 가운데로 지날 때에 타지도 아니할 것이요 불꽃이 너를 사르지도 못하리니 **3** 대저 나는 여호와 네 하나님이요 이스라엘의 거룩한 이요 네 구원자임이라 내가 애굽을 너의 속량물로, 구스와 스바를 너를 대신하여 주었노라 **4** 네가 내 눈에 보배롭고 존귀하며 내가 너를 사랑하였은즉 내가 네 대신 사람들을 내어 주며 백성들이 네 생명을 대신하리니

묵상을 위한 질문

1. 하나님은 어떤 분이신가요? (3-4절)

2. 우리는 하나님 앞에서 어떤 존재인가요? (4절)

적용

혹시 자신을 부족한 존재로 여기고 있진 않나요? 말씀을 통해 하나님이 내게 주신 참된 아름다움을 생각해 보세요. 그 시선으로 형제/자매 안에서도 하나님께서 주신 아름다움을 발견하며, 함께 이야기해 보세요.

기도

사랑의 하나님, 우리를 향한 하나님의 크신 사랑을 알게 하시니 감사합니다. 하나님이 우리를 보배롭고 존귀하게 여기시듯 제게 허락하신 형제/자매를 존귀하게 여기며 사랑하게 해 주세요. 예수님의 이름으로 기도합니다. 아멘.

메시지

많은 그리스도인은 하나님께서 주신 참된 아름다움을 깨닫지 못한 채, 자신을 여전히 부족한 존재로 여기며 살아갑니다. 이런 왜곡된 생각은 죄가 세상에 들어오면서 시작되었습니다. 죄는 우리에게 하나님과 자신에 대한 왜곡된 생각을 심어 주어, 모든 것을 왜곡된 시선으로 보게 했습니다. 또한 성장 과정에서 부모와 건강한 관계를 맺지 못했거나, 반복된 거절과 상처를 경험한 사람은 왜곡된 시선으로 자신을 바라보게 됩니다.

많은 사람이 가정에 대한 소망을 갖지 못하는 이유는 무엇일까요? 건강한 가정에 대한 모델이 없고, 자신과 미래를 왜곡된 생각으로 대하기 때문입니다. 그리고 주어진 불행이나 어려움을 운명으로 생각하며 체념하기도 합니다. 우리는 이 생각들을 말씀 안에서 바로잡아야 합니다.

하나님은 우리보다 우리를 더 사랑하시며 우리의 행복을 원하십니다. 그분은 우리 자신이 얼마나 가치 있고 소중한 존재인지 알기 원하십니다. 일반적으로 경매장에서 물건의 값은 가장 높은 가격을 부른 사람에 의해 정해집니다. 예수님은 우리를 구속하시기 위해 생명을 주셨고, 이로써 우리의 가치를 결정하셨습니다.

하나님은 우리를 보배롭고 존귀한 존재로 만드셨습니다. 또한 우리가 살아가는 동안 어떤 어려움이 찾아와도 지켜 주시고 보호해 주시겠다고 약속하셨습니다. 이를 기억하고, 오늘도 신실하신 하나님을 의지하며 살아가기 바랍니다. ♥

085

Date . .

아름다운 가정을 소망하며

말씀 | 시편 107:4-9

4 그들이 광야 사막 길에서 방황하며 거주할 성읍을 찾지 못하고 **5** 주리고 목이 말라 그들의 영혼이 그들 안에서 피곤하였도다 **6** 이에 그들이 근심 중에 여호와께 부르짖으매 그들의 고통에서 건지시고 **7** 또 바른길로 인도하사 거주할 성읍에 이르게 하셨도다 **8** 여호와의 인자하심과 인생에게 행하신 기적으로 말미암아 그를 찬송할지로다 **9** 그가 사모하는 영혼에게 만족을 주시며 주린 영혼에게 좋은 것으로 채워주심이로다

묵상을 위한 질문

1. 하나님은 어떤 분이신가요? (6-9절)

2. 하나님은 어떤 약속을 하셨나요? (9절)

적용

가정에 대해 품고 있는 소망이나 꿈이 있나요? 앞으로 어떤 가정을 이루고 싶은지 고민하고 함께 나누어 보세요.

기도

사랑의 하나님, 주님 안에서 아름다운 가정을 소망합니다. 우리의 사모함에 만족을 주시고, 우리의 주림에 좋은 것으로 채워 주세요. 가정에 대한 바른 모습들을 더욱 힘써 배우도록 해 주세요. 예수님의 이름으로 기도합니다. 아멘.

메시지

우리의 미래는 아무도 알 수 없습니다. 전도서를 기록한 솔로몬왕은 우리가 알 수 없는 두 가지가 있는데, 하나는 하나님이 하시는 일들이며 다른 하나는 자신의 미래라고 말했습니다. 앞으로 우리의 가정이 어떻게 될지, 우리 자신이 어떻게 될지 알지 못합니다.

오늘 말씀에서 하나님은 우리가 소망하고 사모하는 것을 이루어 주신다고 약속하셨습니다. 하나님은 사모하는 영혼을 만족하게 하시며, 주린 영혼을 좋은 것으로 채우십니다. 따라서 우리가 건강하고 아름다운 가정을 소망할 때 반드시 이루어 주십니다. 또한 우리가 간절히 찾고 노력할 때 우리에게 만족함을 주십니다.

아름답고 건강한 가정을 이루고 싶다면, 먼저 성경적인 가정의 모습을 배워야 합니다. 대부분 우리가 알고 있는 가정은 직접 경험한 것이나 사회적인 통념 속에서 학습된 모습입니다. 부모와 환경에 따라 어떤 사람은 가정에 대해 긍정적인 생각을 갖지만, 그렇지 못한 경우도 있습니다.

바른 가정의 모습을 꿈꾸고 이루기 위해 우리의 가정을 만드신 하나님의 말씀에 귀 기울여야 합니다. 오늘 우리가 성경을 통해 배울 수 있는 교훈은 가정에 대한 소망을 가지라는 점입니다. 그리고 하나님이 반드시 이루어 주신다는 확신을 가져야 합니다. 더 좋은 진주를 구하는 상인처럼 우리는 건강하고 아름다운 가정을 사모해야 합니다. ♥

086

사랑과 섬김으로 이루는 천국

말씀 | 마태복음 20:25-28

25 예수께서 제자들을 불러다가 이르시되 이방인의 집권자들이 그들을 임의로 주관하고 그 고관들이 그들에게 권세를 부리는 줄을 너희가 알거니와 **26** 너희 중에는 그렇지 아니하야 하나니 너희 중에 누구든지 크고자 하는 자는 너희를 섬기는 자가 되고 **27** 너희 중에 누구든지 으뜸이 되고자 하는 자는 너희의 종이 되어야 하리라 **28** 인자가 온 것은 섬김을 받으려 함이 아니라 도리어 섬기려 하고 자기 목숨을 많은 사람의 대속물로 주려 함이니라

묵상을 위한 질문

1. 예수님은 어떤 모습을 보여 주셨나요? (28절)

2. 섬김에 대한 예수님의 가르침은 무엇인가요? (27절)

적용

섬김에 대해 나는 어떤 태도를 가지고 있나요? 오늘 내 삶에서 가족이나 가까운 사람을 위해 어떤 섬김을 실천할 수 있을지 함께 나누어 보세요.

기도

사랑의 하나님, 진정한 섬김을 보여 주심에 감사합니다. 우리 안에 있는 지배하려는 태도를 없애 주시고, 사랑과 섬김으로 하나님 나라의 참모습을 이루어 가게 해 주세요. 예수님의 이름으로 기도합니다. 아멘.

메시지

하나님이 이 땅에서 천국을 알도록 주신 두 기관이 있는데, 하나는 교회이며 다른 하나는 가정입니다. 우리가 말씀 안에서 바르게 산다면 가정과 교회 안에서 천국의 의미를 깨닫게 될 것입니다. 예수님은 이 땅에 오셔서 하나님 나라의 바른 모습이 무엇인지 알려 주셨습니다. 그리고 제자들의 발을 씻겨 주시며, 하나님의 나라를 이루어 가는 모습을 직접 보여 주셨습니다.

섬김은 하나님의 나라를 이루는 가장 중요한 수단입니다. 하나님의 나라는 사랑과 섬김으로 이루어집니다. 남을 섬길 때 섬김을 받게 되며, 남을 지배하려고 할 때 오히려 지배당하게 됩니다. 가정에서의 섬김은 배우자를 내 편의를 위한 수단으로 삼는 것이 아닙니다. 섬김은 내가 먼저 배우자의 삶과 인격을 존중하는 태도에서 시작됩니다. 바르게 섬기려면 먼저 생각의 변화가 필요합니다.

또한 반드시 기억해야 할 것은 그 과정에는 큰 고통이 따른다는 사실입니다. 섬김은 말이 아니라 행동으로 하는 것입니다. 사랑과 섬김을 온전히 실천하려 할 때, 길들지 않은 육신이 걸림돌이 되기도 하고, 끊임없이 대우받고 인정받으려는 죄성이 가로막기도 합니다. 우리의 많은 행동은 섬김을 받으려는 마음에서 비롯됩니다. 그러나 예수님은 먼저 섬기는 사람이 진정한 큰 자라고 말씀하셨습니다. 내가 먼저 섬길 때 참된 사랑이 이루어지고, 그 안에서 하나님의 나라가 드러납니다. 섬김은 사랑의 기초입니다. ♥

087

하나님이 세우시는 가정

말씀 | 시편 127편

1 여호와께서 집을 세우지 아니하시면 세우는 자의 수고가 헛되며 여호와께서 성을 지키지 아니하시면 파수꾼의 깨어 있음이 헛되도다 2 너희가 일찍이 일어나고 늦게 누우며 수고의 떡을 먹음이 헛되도다 그러므로 여호와께서 그의 사랑하시는 자에게는 잠을 주시는도다 3 보라 자식들은 여호와의 기업이요 태의 열매는 그의 상급이로다 4 젊은 자의 자식은 장사의 수중의 화살 같으니 5 이것이 그의 화살통에 가득한 자는 복되도다 그들이 성문에서 그들의 원수와 담판할 때에 수치를 당하지 아니하리로다

묵상을 위한 질문

1. 하나님은 어떤 분이신가요? 가정과 연관해 묵상해 보세요.

2. 하나님이 가정을 세우지 않으신다는 의미는 무엇인가요?

적용

지금 우리의 만남 가운데 하나님께 의뢰해야 할 문제는 무엇인가요? 서로의 고민과 필요를 나누고, 하나님께 맡겨야 할 부분이 무엇인지 함께 이야기해 보세요.

기도

사랑의 하나님, 우리의 가정이 말씀 안에서 견고해지도록 지켜 주세요. 우리에게 하나님의 말씀을 들을 수 있는 귀와 순종할 수 있는 마음을 허락해 주세요. 예수님의 이름으로 기도합니다. 아멘.

메시지

가정의 설립자는 하나님이십니다. 하나님은 최초의 사람을 창조하실 때, 가정의 형태로 창조하셨습니다. 그러므로 가정을 세우고 이끌어 가는 데 필요한 모든 지혜와 원리는 하나님께 있습니다. 우리 사회에서도 이제 이혼은 흔한 현실이 되었습니다. 가정이 무너지는 가장 근본적인 이유는 무엇일까요? 가정을 하나님 안에서 세우는 것이 아니라 자기 소견대로 세우려 하기 때문입니다.

아름다운 가정을 소망하는 것은 하나님께 바르게 의뢰하는 일로부터 시작됩니다. 하나님 안에서 가정을 세운다는 의미는 내 생각과 뜻대로가 아니라 온전히 하나님의 뜻대로 가정을 세워 가는 것입니다. 하나님은 가정을 소중히 여기십니다. 우리는 가정을 세우고 이루어 가는 과정의 모든 문제를 하나님께 의뢰해야 합니다. 그때 우리의 노력과 수고가 아름다운 열매를 맺게 됩니다.

그렇다면 어떻게 가정을 세우는 일을 하나님께 의뢰할 수 있을까요? 어떻게 하면 하나님이 세우신 가정이라는 확신을 가질 수 있을까요? 먼저 하나님께 기도하며 의뢰해야 합니다. 그리고 하나님이 주신 말씀과 진리에 기초해 그 위에 견고히 세워 가야 합니다.

하나님은 우리 삶의 주인이시며 또한 우리 가정의 주인이십니다. 그러므로 아름다운 가정을 꿈꾸는 일은 하나님 안에서 시작됩니다.♥

088
그리스도를 모신 가정

말씀 | 요한복음 14:21, 13:34-35

21 나의 계명을 지키는 자라야 나를 사랑하는 자니 나를 사랑하는 자는 내 아버지께 사랑을 받을 것이요 나도 그를 사랑하여 그에게 나를 나타내리라
34 새 계명을 너희에게 주노니 서로 사랑하라 내가 너희를 사랑한 것 같이 너희도 서로 사랑하라 35 너희가 서로 사랑하면 이로써 모든 사람이 너희가 내 제자인 줄 알리라

묵상을 위한 질문

1. 우리가 예수님의 제자인 것은 어떻게 증명되나요?

2. 예수님을 사랑하는 구체적인 방법은 무엇인가요?

적용

두 사람이 함께 읽을 성경 본문을 정해 보세요. 그 말씀을 읽고 각자 받은 은혜를 나눈 후, 우리의 삶에서 어떻게 적용할 수 있을지 이야기해 보세요.

기도

사랑의 하나님, 우리가 꿈꾸는 가정이 그리스도의 말씀과 사랑 안에서 온전히 서게 해 주세요. 주님의 계명을 따라 순종하며, 받은 사랑을 이웃에게 나누는 참된 제자의 삶을 살게 해 주세요. 예수님의 이름으로 기도합니다. 아멘.

메시지

오늘날 한국교회의 문제는 성도의 수가 적은 것이 아닙니다. 가장 큰 문제는 예수님을 믿는다면서도, 실상은 제대로 믿지 않는 그리스도인들이 많다는 점입니다. 많은 성도들이 종교란에 '기독교'라고 쓰고, 그리스도가 자신과 가정의 주인이라고 고백합니다. 그러나 실제로 그렇게 살아가는 사람은 많지 않습니다.

그리스도를 주인으로 모시고 사는 사람을 그분의 제자라고 합니다. 제자는 스승의 가르침을 따라 살아갑니다. 예수님은 오늘 본문에서 어떤 사람이 제자인지 말씀하십니다.

제자의 첫 자세는 주님을 사랑하는 것입니다. 사랑과 존경 없이 제자가 된다는 것은 거짓입니다. 왜냐하면 예수님이 가신 길은 영광을 버리고 고난을 택하신 길이며, 그분을 따르는 제자들은 그 길을 따라 주님의 영광에 이르기 원하는 사람들이기 때문입니다.

오늘 본문은 예수님을 사랑하는 방법, 곧 우리가 참된 제자임을 보여 주는 두 가지 증거를 말합니다. 첫째, 주님의 계명을 지키는 것입니다. 말씀을 따라 순종하는 사람이 진정한 제자입니다. 둘째, 예수님의 사랑을 이웃에게 나누는 것입니다.

예수님이 우리 가정의 주인이시라고 고백하는 것은 무엇을 의미할까요? 가정에서 일어나는 크고 작은 모든 일에 주님의 가르침을 따르며 질서와 경제적인 부분까지 전적으로 순종하겠다는 것을 의미합니다. ♥

089
반석 위에 세운 집

말씀 | 마태복음 7:24-27

24 그러므로 누구든지 나의 이 말을 듣고 행하는 자는 그 집을 반석 위에 지은 지혜로운 사람 같으리니 25 비가 내리고 창수가 나고 바람이 불어 그 집에 부딪치되 무너지지 아니하나니 이는 주추를 반석 위에 놓은 까닭이요 26 나의 이 말을 듣고 행하지 아니하는 자는 그 집을 모래 위에 지은 어리석은 사람 같으리니 27 비가 내리고 창수가 나고 바람이 불어 그 집에 부딪치매 무너져 그 무너짐이 심하니라

묵상을 위한 질문

1. 두 집의 같은 점과 다른 점은 무엇인가요?

2. 어떤 사람이 모래 위에 집을 짓는 어리석은 사람인가요? (26절)

적용

예수 그리스도를 기초로 한 가정은 어떤 모습일까요? 주변에서 본 믿음의 가정 가운데 본받고 싶은 모습이 있다면 자유롭게 나누고, 앞으로 어떻게 적용할 수 있을지도 이야기해 보세요.

기도

사랑의 하나님, 삶의 지혜를 주시니 감사합니다. 주님의 말씀을 따라 반석 위에 집을 짓는 지혜로운 가정이 되게 해 주시고 겸손하고 온전하게 주님만을 따르게 해 주세요. 예수님의 이름으로 기도합니다. 아멘.

메시지

오늘 본문에서 예수님은 우리의 인생을 집을 짓는 사람에 비유하셨습니다. 우리는 모두 집을 짓는 자들입니다. 두 사람이 지은 집의 모양은 같았습니다. 같은 크기의 집을 짓고, 같은 크기의 창문을 내고, 페인트칠도 똑같이 했습니다. 기초가 다르다는 것 외에는 똑같았고, 겉보기에는 모두 평안해 보였습니다.

그러나 비바람이 불고 인생의 폭풍이 몰아치자 두 집에는 큰 차이가 발생했습니다. 모래 위에 지은 집은 심하게 무너졌습니다. 그러나 반석 위의 집은 무너지지 않았습니다. 예수님은 반석 위에 집을 짓는 지혜로운 자가 되라고 하셨습니다. 그러면 반석은 무엇이며, 어떻게 지어야 할까요?

배우자를 선택할 때 직업이나 외부 조건, 경제력도 고려 대상이 될 수 있습니다. 그러나 이를 중요한 기초로 삼는다면, 모래 위에 집을 짓는 것입니다. 비바람과 폭풍이 몰아칠 때, 그 집의 무너짐은 심할 것입니다. 그러나 예수님의 말씀을 기초로 가정을 세워 간다면 무너지지 않습니다. 그 기초는 사랑과 섬김으로 이루어집니다.

따라서 가정의 문제뿐만 아니라 우리의 삶 자체, 인생의 크고 작은 일 모두를 그리스도의 말씀의 반석 위에 세워야 합니다. 세우는 과정이 힘들고 고통스럽더라도 반드시 그렇게 해야 합니다. 살아가는 동안 인생의 폭풍은 수없이 몰아칩니다. 그때마다 예수님을 기초로 삼고 하나님께 피한 자들에게 복이 있습니다. ♥

090
사랑하며 살아야 할 존재

말씀 | 로마서 5:6-8
6 우리가 아직 연약할 때에 기약대로 그리스도께서 경건하지 않은 자를 위하여 죽으셨도다 7 의인을 위하여 죽는 자가 쉽지 않고 선인을 위하여 용감히 죽는 자가 혹 있거니와 8 우리가 아직 죄인 되었을 때에 그리스도께서 우리를 위하여 죽으심으로 하나님께서 우리에 대한 자기의 사랑을 확증하셨느니라

묵상을 위한 질문
1. 예수님은 그분의 사랑을 어떻게 표현하셨나요?

2. 예수님의 사랑은 우리가 어떤 상태일 때 나타났나요?

적용
형제/자매에게 사랑받고 있다고 느끼고 있나요? 서로에게 사랑이 잘 전달되고 있는지 돌아보며, 건강한 가정을 위한 사랑의 표현 방법을 함께 고민해 보세요.

기도
사랑의 하나님, 십자가에서 죽으심으로 우리를 향한 사랑을 표현해 주심에 감사합니다. 우리도 주님의 제자로서 예수님이 보이신 사랑을 이웃에게 나누며 사는 그리스도인이 되게 해 주세요. 예수님의 이름으로 기도합니다. 아멘.

메시지

톨스토이의 소설 중에 『사람은 무엇으로 사는가』라는 단편집이 있습니다. 추운 겨울날 어린아이를 두고 길에서 죽어가는 어머니를 데려오라는 하나님의 명령을 거부한 천사의 이야기입니다. 그 천사는 사람은 무엇으로 사는지에 대한 비밀을 깨달을 때까지 땅에서 날개가 꺾인 채 살아가다가 나중에 그 비밀을 알게 됩니다.

톨스토이는 이 작품에서 사람은 사랑을 받으면서 살아가는 존재임을 말합니다. 그는 하나님께서 불행한 사람들을 우리 곁에 두신 것은, 우리가 서로 사랑하고 사랑받으며 도우며 살도록 하신 그분의 배려라고 보았습니다.

심리학자들에 따르면, 사람이 가장 온전히 자신의 존재 의미와 행복을 경험하는 순간은 누군가에게 사랑받고 있다고 느낄 때입니다. 하나님을 잘 알지 못하는 사람들도 사랑의 힘이 크다는 사실만은 부정하지 않습니다.

하나님은 우리를 서로 사랑하고 돌보며 살 수 있는 존재로 만드셨습니다. 부모에게 사랑받고 있다고 느끼는 자녀가 건강하게 자라며, 배우자에게 사랑받고 있다고 느낄 때 건강하고 아름다운 가정을 이룹니다. 예수님은 우리가 사랑받을 가치와 자격이 없을 때조차 우리를 사랑하셨습니다. 그리고 우리에게 그 사랑을 표현하셨습니다.

십자가에 달려 죽으시며 온갖 치욕을 참으신 것은 우리를 향한 사랑의 확실한 표현입니다. 그 사랑을 본받아, 건강한 가정을 위해 서로에게 사랑을 표현해 보세요. ♥

091
최초의 명령

말씀 | 창세기 1:26-28

26 하나님이 이르시되 우리의 형상을 따라 우리의 모양대로 우리가 사람을 만들고 그들로 바다의 물고기와 하늘의 새와 가축과 온 땅과 땅에 기는 모든 것을 다스리게 하자 하시고 **27** 하나님이 자기 형상 곧 하나님의 형상대로 사람을 창조하시되 남자와 여자를 창조하시고 **28** 하나님이 그들에게 복을 주시며 하나님이 그들에게 이르시되 생육하고 번성하여 땅에 충만하라, 땅을 정복하라, 바다의 물고기와 하늘의 새와 땅에 움직이는 모든 생물을 다스리라 하시니라

묵상을 위한 질문

1. 하나님은 사람을 어떻게 만드셨고, 누구를 닮았나요?

2. 우리 안에 하나님을 닮은 모습으로는 어떤 부분이 있나요?

적용

우리의 가정이나 관계 가운데, 그리스도 안에서 회복이 필요한 부분은 무엇인가요? 각자 느끼는 어려움을 솔직하게 나누고, 말씀 안에서 어떻게 세워 갈 수 있을지 이야기해 보세요.

기도

사랑의 하나님, 가정을 통해 복음을 전하게 하시고, 주신 자연과 문화를 아름답게 가꾸며, 우리 가정이 하나님 나라 확장의 기초가 되게 해 주세요. 예수님의 이름으로 기도합니다. 아멘.

메시지

오늘 말씀은 하나님이 인류에게 주신 최초의 명령입니다. 이를 문화명령이라고도 합니다. 하나님은 사람에게 '생육하고 번성하여 충만하며, 정복하고 다스리라'고 말씀하셨습니다. 하나님이 가정을 통해 이 땅에서 이루고자 하시는 것이 무엇인지 살펴보겠습니다.

먼저 생육하고 번성하는 것입니다. 이것은 육신의 자녀를 낳는 것을 의미합니다. 또한 하나님의 영적 자녀들을 양육하며 영혼을 구원하는 일들을 의미합니다. 그리하여 하나님을 경외하며 그분을 찬양하는 모든 백성이 온 땅에 가득하도록 해야 합니다. 이것은 오늘날 복음 전파와 말씀 양육을 통해 이루어집니다.

전쟁사에서 정복은 주로 파괴의 의미로 이해됩니다. 그러나 주님이 말씀하신 정복은 완성의 개념입니다. 자연을 다스리고 정복하는 것은 자연을 더욱 아름답게 가꾸는 일입니다. 즉, 이 땅의 타락한 문화와 제도들을 진리 안에서 바르게 세우며 회복시키는 것을 의미합니다.

우리는 하나님을 닮았습니다. 그래서 우리 안에는 창조하고 꾸미며 새로운 것을 기획하는 시도들이 일어납니다. 그러나 죄는 바르고 건강한 문화 사역을 방해하며 모든 것을 타락하게 하고 왜곡시킵니다. 문화명령을 이루기 위해 우리는 하나님 안에서 거룩함을 유지해야 합니다. 경건한 가정은 하나님 나라 확장의 기초가 됩니다. ♥

092
하나 되게 하소서

말씀 | 요한복음 17:20-23

20 내가 비옵는 것은 이 사람들만 위함이 아니요 또 그들의 말로 말미암아 나를 믿는 사람들도 위함이니 21 아버지여, 아버지께서 내 안에, 내가 아버지 안에 있는 것 같이 그들도 다 하나가 되어 우리 안에 있게 하사 세상으로 아버지께서 나를 보내신 것을 믿게 하옵소서 22 내게 주신 영광을 내가 그들에게 주었사오니 이는 우리가 하나가 된 것 같이 그들도 하나가 되게 하려 함이니이다 23 곧 내가 그들 안에 있고 아버지께서 내 안에 계시어 그들로 온전함을 이루어 하나가 되게 하려 함은 아버지께서 나를 보내신 것과 또 나를 사랑하신 같이 그들도 사랑하신 것을 세상으로 알게 하려 함이로소이다

묵상을 위한 질문

1. 예수님이 하신 기도의 중심 내용은 무엇인가요?

2. 하나 됨의 모델은 무엇인가요? (22절) 그리고 하나 됨의 방법은 무엇인가요? (23절)

적용

온전히 하나가 되기 위해 내가 참고 극복해야 할 부분은 무엇인가요? 각자의 연약함과 갈등의 지점을 솔직하게 나누고, 주님 안에서 어떻게 함께 성장할 수 있을지 이야기해 보세요.

기도

사랑의 하나님, 부족한 우리가 그리스도 안에서 온전히 하나 되게 해 주시고, 주님이 보이신 사랑과 섬김의 온전함이 우리에게 나타나게 해 주세요. 예수님의 이름으로 기도합니다. 아멘.

메시지

결혼은 두 사람이 하나가 되는 연합입니다. 연합은 성경에서 중요하게 여겨지는 단어입니다. 하나님은 가정을 주시고 두 사람이 하나라고 말씀하셨습니다. 부부가 하나가 된다는 말은 일차적으로는 육체적인 결합을 의미하며 실제적인 부부 생활과 자녀를 낳는 일들도 포함합니다.

더 깊은 의미에서 하나 됨은 정신적인 연합, 온전하고 총체적인 연합과 하나 됨을 의미합니다. 그러나 이 땅에서 완전한 연합은 우리의 힘만으로는 불가능합니다. 우리는 하나 됨을 이루기 위해 많은 갈등과 상처를 극복해야 합니다. 그리고 주님께 간구할 때 우리의 하나 됨을 이루어 주실 것입니다. 결혼은 두 사람이 하나가 되기 시작하는 출발점일 뿐입니다. 이후의 삶은 하나 됨을 위해 끊임없이 연습하고 훈련하는 과정입니다.

요한복음 17장은 예수님이 이 땅에서 하신 마지막 기도입니다. 예수님은 우리의 하나 됨을 위해 기도하셨습니다. 아버지와 주님이 온전히 하나이듯이, 그리스도 안에 있는 백성이 온전히 하나가 되기를 기도하셨습니다.

그리스도 안에서 온전한 만남을 통해 하나가 되는 과정을 경험할 때, 우리는 하나님과 그리스도의 완전한 하나 됨을 더 깊이 깨닫게 됩니다. 그뿐 아니라 말씀을 묵상하고 순종할 때 우리의 사랑과 섬김이 더 깊어집니다. ♥

093

Date   .   .

하나님의 나라

말씀 | 누가복음 17:20-21
20 바리새인들이 하나님의 나라가 어느 때에 임하나이까 묻거늘 예수께서 대답하여 이르시되 하나님의 나라는 볼 수 있게 임하는 것이 아니요 **21** 또 여기 있다 저기 있다고도 못하리니 하나님의 나라는 너희 안에 있느니라

묵상을 위한 질문

1. 하나님의 나라가 우리 안에 있다는 말씀은 어떤 의미인가요?

2. 지금 우리 가정에서 하나님의 다스림이 필요한 영역은 어디인가요?

적용

우리 가정이 하나님의 다스림을 받는 작은 하나님의 나라가 되려면 어떤 모습이 필요할까요? 어떻게 섬기고 사랑해야 할지 구체적으로 이야기해 보세요.

기도

사랑의 하나님, 우리의 삶이 날마다 더 깊이 더 온전하게 주님의 다스림을 받기 원합니다. 우리의 악한 마음과 연약함을 용서하시고 온전히 주님을 닮아 이 땅에서 하나님의 나라를 확장하는 일꾼이 되게 해 주세요. 예수님의 이름으로 기도합니다. 아멘.

메시지

바리새인들이 와서 예수님께 하나님의 나라가 언제 오느냐고 물었습니다. 그때 예수님은 이미 너희 안에 있다고 말씀하셨습니다. 그리스도 안에서 가정을 이해하려면 먼저 하나님의 나라를 이해해야 합니다. 가정과 교회는 이 땅에서 세우신 하나님 나라의 모델이기 때문입니다.

하나님의 나라는 우리가 죽은 후 주님과 함께 영원히 거하는 곳입니다. 그리고 하나님의 나라는 이미 이 땅에서 시작되었습니다. 이 땅에서 시작된 하나님의 나라는 예수님의 통치가 있는 곳을 의미합니다. 즉, 복음이 전파되어 예수님을 영접하고 그분의 말씀대로 사는 그곳이 바로 하나님의 나라입니다.

우리 안에 있는 하나님의 나라는 온전히 하나님의 통치와 다스림을 받을 때 이루어집니다. 복음이 전파되는 곳에 하나님의 나라가 임합니다. 그 이유는 사람들이 세상의 지배에서 벗어나 오직 예수님의 가르침대로 살기 때문입니다.

가정이 하나님의 나라라는 말씀은 온전히 하나님의 통치와 다스림을 받기 때문입니다. 서로의 이익을 주장하지 않고 그리스도께서 생명까지 주신 그 사랑으로 섬기고 사랑하며 이루어 가는 작은 하나님의 나라입니다. 불신자들이 하나님의 나라가 어디 있느냐고 물을 때, 자신 있게 우리의 가정을 소개할 수 있어야 합니다. ♥

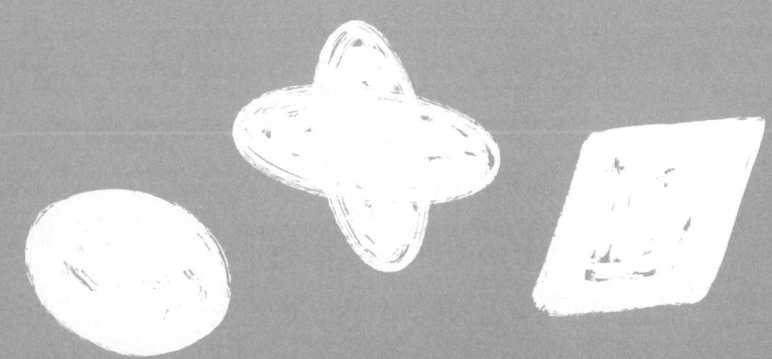

자녀 양육

Letter. 좋은 자녀는 좋은 부모에게서 자란다

자녀는 부모의 거울이며, 부모의 신앙과 삶의 방향이 자녀의 삶을 형성한다. 자녀는 말보다 삶을 통해 신앙을 배우며, 가르침보다 태도를 통해 영향을 받는다. 아브라함과 이삭의 이야기에서도 이삭이 아버지를 신뢰하고 그 믿음을 받아들였던 것은 아브라함의 일관된 믿음의 삶을 가까이에서 보고 배웠기 때문이다. 믿음의 대를 잇는 가정에는 좋은 부모가 있다. 눈물로 기도하는 어머니, 말씀으로 살아가는 아버지가 있고, 그 모습이 자녀의 내면 깊이 심겨져 하나님을 향한 경외심으로 자라난다.

사무엘은 한나의 기도 속에서 태어났고, 디모데는 외할머니와 어머니의 믿음을 물려받았다. 부모가 하나님 앞에서 어떤 믿음을 품고 사는지가 자녀의 인생 방향을 결정한다. 자녀 교육은 가르치는 기술이 아니라, 부모 자신이 바른 삶을 사는 데서 시작된다. 그러므로 자녀에게 신앙을 물려주고 싶다면, 부모가 먼저 신실한 삶을 살아야 한다.

좋은 자녀를 키우고 싶다면, 먼저 좋은 부모가 되자. 완벽할 수는 없어도 진실할 수 있고, 실수할 수는 있어도 진심은 통한다. 기도는 자녀 양육의 시작이자 마지막이며, 하나님께 자녀를 맡기고 자신의 삶을 통해 양육해 달라는 고백이기도 하다. 오늘도 기도하며 부모로서의 믿음의 길을 걸을 때, 그 기도가 한 세대를 살리는 씨앗이 될 것이다.

094
누구의 자녀인가?

Date   .   .

말씀 | 히브리서 11:17-19

17 아브라함은 시험을 받을 때에 믿음으로 이삭을 드렸으니 그는 약속들을 받은 자로되 그 외아들을 드렸느니라 **18** 그에게 이미 말씀하시기를 네 자손이라 칭할 자는 이삭으로 말미암으리라 하셨으니 **19** 그가 하나님이 능히 이삭을 죽은 자 가운데서 다시 살리실 줄로 생각한지라 비유컨대 그를 죽은 자 가운데서 도로 받은 것이니라

묵상을 위한 질문

1. 아브라함이 이삭을 바칠 수 있었던 이유는 무엇인가요?

2. 하나님은 왜 이런 테스트를 아브라함에게 하셨을까요? (창 22장 참조)

적용

자녀가 나의 자녀라고 생각할 때와 하나님께서 주신 자녀라고 생각할 때, 부모의 양육 태도는 어떻게 달라질까요?

기도

사랑의 하나님, 저희들에게 주실 자녀를 위해 기도합니다. 우리의 목적과 뜻대로 자녀의 미래를 결정하지 말고 하나님의 뜻에 따라 양육하게 해 주세요. 자녀를 주님의 말씀으로 양육하는 부모가 되게 해 주세요. 예수님의 이름으로 기도합니다. 아멘.

메시지

언제가 될지는 모르지만, 하나님께서 우리를 통해 주실 자녀를 위해 기도하며 준비해야 합니다. 오늘 본문은 아브라함이 이삭을 모리아산에 바친 사건입니다. 아브라함은 하나님께서 주셨고 명하셨다면, 다시 살리실 것을 믿었기 때문에 순종할 수 있었습니다. 이것이 바로 신앙인이 세워야 할 자녀 교육관의 기초입니다.

아브라함은 자녀를 사랑하지 않은 것이 아니라, 하나님을 바르게 경외했습니다. 우리는 자녀를 양육할 때, 그들이 하나님으로부터 위탁받은 영혼임을 기억해야 합니다. 물론 자녀를 입양하는 경우도 동일합니다.

하나님은 우리의 연약함을 아시기에 자녀를 더 깊이 사랑하도록 우리를 닮게 하셨고, 또 고통 가운데 얻게 하셨습니다. 그러나 자녀는 나의 자녀가 아니라 하나님의 자녀입니다. 그러므로 자녀를 양육할 때도 하나님께 의뢰해야 하며 그분의 뜻을 구해야 합니다.

오늘날에도 부모가 자녀를 통해 자신의 이루지 못한 꿈을 대신 이루려 하는 모습을 종종 보게 됩니다. 그러나 성경적인 방향은 하나님이 원하시는 방법으로 양육하고, 자녀 스스로 하나님 앞에 바로 서게 하며, 부모의 목석대로 이용하려는 시도를 포기하는 것입니다. 결국 자녀 양육의 출발점은 하나님을 향한 경외심입니다. 하나님을 경외할 때 우리는 생명을 귀하게 여기게 되고, 자녀는 하나님의 뜻 안에서 더욱 온전하고 복된 삶을 누리게 됩니다.♥

095

Date   .   .

부모의 의무

말씀 | 신명기 6:4-9

4 이스라엘아 들으라 우리 하나님 여호와는 오직 유일한 여호와이시니 5 너는 마음을 다하고 뜻을 다하고 힘을 다하여 네 하나님 여호와를 사랑하라 6 오늘 내가 네게 명하는 이 말씀을 너는 마음에 새기고 7 네 자녀에게 부지런히 가르치며 집에 앉았을 때에든지 길을 갈 때에든지 누워 있을 때에든지 일어날 때에든지 이 말씀을 강론할 것이며 8 너는 또 그것을 네 손목에 매어 기호를 삼으며 네 미간에 붙여 표로 삼고 9 또 네 집 문설주와 바깥 문에 기록할지니라

묵상을 위한 질문

1. 부모로서 자녀에게 해야 할 일은 무엇인가요? (7절)

2. 하나님을 사랑하는 구체적인 방법은 무엇인가요?

적용

주일학교만으로는 자녀의 신앙을 온전히 세울 수 없습니다. 가정에서 자녀를 신앙으로 양육할 방법을 함께 고민하고 나누어 보세요.

기도

사랑의 하나님, 우리가 전심으로 주님을 경외하며 말씀을 사랑하기 원합니다. 더 열심히 배우게 하시고, 가정에서도 말씀을 잘 가르칠 수 있도록 도와주세요. 예수님의 이름으로 기도합니다. 아멘.

메시지

프로이드는 "0세부터 5세까지의 행동을 평생 반복한다"라는 유명한 말을 남겼습니다. 이 말처럼 유아기에 형성된 자아는 평생 영향을 미칩니다. 어릴 때 부모, 특히 주 양육자와의 관계는 아이의 성격과 행동을 결정짓는 중요한 요인이 됩니다. 그러므로 부모의 양육 태도가 정말 중요합니다.

무엇보다 부모가 자녀에게 해 줘야 할 일이 아주 많습니다. 온전한 양육을 위해 사랑과 안정감을 주고, 경제적인 필요를 채워 주며, 교육의 기회도 제공해야 합니다. 그러나 가장 중요한 부모의 의무는 자녀에게 하나님의 말씀을 가르치는 것입니다.

모든 것을 양보해도 이 부분은 포기하거나 소홀해서는 안 됩니다. 교육이나 경제는 세상에서 살아가는 동안의 문제이지만, 하나님을 경외하는 일은 자녀의 영원한 삶을 결정하는 중요한 기초가 됩니다. 그리스도를 섬기는 부모로서 자녀에게 바른 신앙을 전하지 못한다면, 그것은 엄청난 직무 유기입니다.

그러므로 남성은 가정의 제사장으로서, 여성은 믿음의 동역자로서, 자녀에게 신앙을 물려주고 양육할 수 있도록 준비하고 훈련해야 합니다. 신앙 교육의 중심은 가정입니다. 자녀의 신앙은 가정에서 뿌리내리고, 주일학교를 통해 더욱 자라납니다. 이처럼 한 영혼을 신앙으로 양육하기 위해서는 자신의 신앙을 돌아보고 먼저 준비가 되어야 합니다. 💙

096
엘리 가정의 비극

말씀 | 사무엘상 2:22-26

22 엘리가 매우 늙었더니 그의 아들들이 온 이스라엘에게 행한 모든 일과 회막 문에서 수종 드는 여인들과 동침하였음을 듣고 **23** 그들에게 이르되 너희가 어찌하여 이런 일을 하느냐 내가 너희의 악행을 이 모든 백성에게서 듣노라 **24** 내 아들들아 그리하지 말라 내게 들리는 소문이 좋지 아니하니라 너희가 여호와의 백성으로 범죄하게 하는도다 **25** 사람이 사람에게 범죄하면 하나님이 심판하시려니와 만일 사람이 여호와께 범죄하면 누가 그를 위하여 간구하겠느냐 하되 그들이 자기 아버지의 말을 듣지 아니하였으니 이는 여호와께서 그들을 죽이기로 뜻하셨음이더라 **26** 아이 사무엘이 점점 자라매 여호와와 사람들에게 은총을 더욱 받더라

묵상을 위한 질문

1. 엘리의 아들들의 악행은 무엇인가요?

2. 그들은 왜 아버지의 말에 순종하지 않았을까요?

적용

하나님이 맡기실 다음 세대를 믿음으로 세우기 위해 나는 무엇을 준비해야 할까요? 자녀를 어떻게 양육하고 믿음의 본을 보일 수 있을지 함께 나누어 보세요.

기도

사랑의 하나님, 엘리 제사장의 삶을 통해 우리의 모습을 돌아보게 하시니 감사합니다. 우리가 하나님 앞에 경건하게 설 뿐만 아니라 말씀으로 자녀를 잘 양육하는 부모가 될 수 있게 해 주세요. 예수님의 이름으로 기도합니다. 아멘.

메시지

엘리는 제사장이었습니다. 그는 성막에서 제사 드리는 일을 관장했을 뿐만 아니라 왕과 같은 권력도 가지고 있었습니다. 또한 하나님의 말씀을 백성들에게 가르쳐야 할 사명이 있었습니다. 그러나 그의 아들들은 하나님 앞에서 악을 행했습니다. 하나님께 제사 드리러 온 사람들이 바친 제물을 먼저 차지하고, 성전에 수종 드는 여인들과 행음했습니다.

그들은 하나님의 말씀을 두려워하지 않고 오만하게 행동했습니다. 엘리는 아들들의 잘못을 알면서도 "그리하지 말라"고만 하고, 제사장으로서 바로잡지 않았습니다. 이에 하나님은 그들을 심판하기로 작정하셨습니다.

성경은 사무엘이 여호와의 전에서 하나님을 섬기며 등불이 꺼지지 않았다고 기록합니다. 이 모습은 눈이 어두워져 처소에 누워 있는 엘리와 대조를 이룹니다(삼상 3장 참조). 그리고 엘리의 영적인 상태를 보여 줍니다. 하나님은 사무엘에게 엘리 가문의 멸망을 말씀하셨지만, 엘리는 그 경고를 듣고도 아무런 변화가 없었습니다.

그 후 불레셋과의 전쟁 때 엘리의 두 아들은 법궤를 빼앗기고 죽임을 당했습니다. 엘리는 그 소식에 놀라 의자에서 떨어져 목이 부러져 죽었고, 며느리는 아이를 낳다가 죽었습니다. 마땅히 하나님의 말씀을 가르쳐야 할 제사장의 직무 유기가 하나님의 심판을 가져왔습니다. 이처럼 엘리의 교훈은 우리에게 시사하는 바가 아주 많습니다. 💙

097
경건의 자손

말씀 | 말라기 2:13-15

13 너희가 이런 일도 행하나니 곧 눈물과 울음과 탄식으로 여호와의 제단을 가리게 하는도다 그러므로 여호와께서 다시는 너희의 봉헌물을 돌아보지도 아니하시며 그것을 너희 손에서 기꺼이 받지도 아니하시거늘 **14** 너희는 이르기를 어찌 됨이니이까 하는도다 이는 너와 네가 어려서 맞이한 아내 사이에 여호와께서 증인이 되시기 때문이라 그는 네 짝이요 너와 서약한 아내로되 네가 그에게 거짓을 행하였도다 **15** 그에게는 영이 충만하였으나 오직 하나를 만들지 아니하셨느냐 어찌하여 하나만 만드셨느냐 이는 경건한 자손을 얻고자 하심이라 그러므로 네 심령을 삼가 지켜 어려서 맞이한 아내에게 거짓을 행하지 말지니라

묵상을 위한 질문

1. 이스라엘 백성이 저지른 죄악은 구체적으로 무엇인가요?

2. 혼인을 귀히 여기지 않는 자들에게 하나님께서 말씀하신 혼인의 목적은 무엇인가요? (15절)

적용

자녀를 경건하게 세우기 위해, 나는 어떤 부분에서 경건을 훈련해야 할까요? 내가 먼저 보여 주어야 할 경건의 모습은 무엇인지 고민하고 함께 나누어 보세요.

기도

사랑의 하나님, 우리의 가정을 통해 하나님의 나라가 확장되어 가게 해 주세요. 그리고 부모로서 잘 준비되게 해 주세요. 예수님의 이름으로 기도합니다. 아멘.

메시지

오늘 본문은 말라기 선지자를 통한 하나님의 경고의 말씀 중 일부입니다. 당시 백성들은 하나님의 십일조를 도적질했고, 가정을 소홀히 여기며 다른 여인들과 관계를 가졌습니다. 이에 말라기 선지자는 바른 헌금과 가정 생활에 대한 하나님의 말씀을 대언했습니다.

백성들은 하나님 앞에서 언약으로 맺는 결혼을 통해 아내를 취했습니다. 그러나 그 언약을 저버리고 다른 여인들과 관계를 갖는 일이 많았습니다. 본문 15절은 하나님께서 많은 사람을 만드실 수 있었지만, "하나만" 만드셨다고 말합니다. 이는 결혼이 한 남자와 한 여자의 연합으로 세워졌음을 보여 줍니다. 그리고 혼인을 귀히 여기며 아내에게 거짓을 행하지 말고, 혼인의 목적이 경건한 자손을 얻는 데 있음을 기억하라고 말합니다.

부모가 경건하지 못하고 부정적으로 살아간다면, 자녀에게 경건을 가르치기 어렵습니다. 아이들은 자라면서 부모의 모습을 닮아 갑니다. 그래서 부모가 바라던 모습이 아니라, 자신이 보여 준 모습을 닮기도 합니다.

가장 강력한 리더는 말로 지시하기보다 삶으로 모범을 보이는 사람입니다. 그리고 가장 강력한 리더십의 말은 "나를 따르라"는 한마디입니다. 예수님은 바로 그 가장 강력한 리더십을 보이셨습니다. 이처럼 부모가 자녀를 경건하게 교육하기 위해서는 먼저 자신이 경건해지는 훈련이 필요합니다. ♥

098
요한의 어머니

말씀 | 누가복음 1:8-17

8 마침 사가랴가 그 반열의 차례대로 하나님 앞에서 제사장의 직무를 행할새 9 제사장의 전례를 따라 제비를 뽑아 주의 성전에 들어가 분향하고 10 모든 백성은 그 분향하는 시간에 밖에서 기도하더니 11 주의 사자가 그에게 나타나 향단 우편에 선지라 12 사가랴가 보고 놀라며 무서워하니 13 천사가 그에게 이르되 사가랴여 무서워하지 말라 너의 간구함이 들린지라 네 아내 엘리사벳이 네게 아들을 낳아 주리니 그 이름을 요한이라 하라 14 너도 기뻐하고 즐거워할 것이요 많은 사람도 그의 태어남을 기뻐하리니 15 이는 그가 주 앞에 큰 자가 되며 포도주나 독한 술을 마시지 아니하며 모태로부터 성령의 충만함을 받아 16 이스라엘 자손을 주 곧 그들의 하나님께로 많이 돌아오게 하겠음이라 17 그가 또 엘리야의 심령과 능력으로 주 앞에 먼저 와서 아버지의 마음을 자식에게, 거스르는 자를 의인의 슬기에 돌아오게 하고 주를 위하여 세운 백성을 준비하리라

묵상을 위한 질문

1. 본문에서 볼 수 있는 나실인의 특징은 무엇인가요?

2. 세례 요한의 부모는 어떤 사람이었나요? (눅 1:5-7 참조)

적용

세례 요한의 부모처럼 하나님 앞에서 의롭게 살고 순종하는 모습 중, 내가 본받아야 할 부분은 무엇인가요? 그것을 우리의 가정과 삶에서 어떻게 실천할 수 있을지 함께 나누어 보세요.

기도

사랑의 하나님, 부모로서의 사명을 기억하게 하시고, 그 사명을 충실히 감당할 수 있도록 기도로 준비되게 해 주세요. 예수님의 이름으로 기도합니다. 아멘.

메시지

세례 요한의 출생은 참 독특했습니다. 나이 든 엘리사벳이 생명을 잉태했고 그동안 아버지 사가랴는 말을 하지 못하게 되었습니다. 천사는 그의 출생을 예언했고, 그는 하나님의 거룩한 나실인으로 구별되었습니다. 나실인은 거룩하게 구별된 사람으로, 백성들을 하나님께로 돌아오게 하고 그분을 알게 하려는 사명을 받은 자입니다.

세례 요한은 예수님의 길을 예비하기 위해 보내심을 받았습니다. 즉, 주님께서 이 땅에서 사역하시도록 그분의 길을 준비하며 예비하는 것이 세례 요한의 사명이었습니다. 이러한 세례 요한의 사명은 오늘날 우리에게도 동일합니다. 우리의 직장과 가정, 복음이 전파되지 않은 곳에 주님의 길을 예비하는 것이 우리의 사명이기 때문입니다.

성경은 세례 요한이 모태로부터 성령 충만함을 받았다고 말합니다. 이 말씀은 요한이 성령 충만한 어머니의 태에 싸여 있었음을 의미합니다. 이처럼 주님의 길을 예비하는 자는 경건한 부모님 밑에서 태어났습니다.

또한 하나님 앞에서 귀한 사역을 감당했던 사무엘도 어머니 한나의 오랜 기도로 준비되었습니다. 처음에 한나는 아들을 달라고 기도했지만, 시간이 지나면서 '하나님의 사역을 위한' 아들을 주시길 기도했습니다. 이처럼 위대한 인물들 뒤에는 늘 기도로 준비된 부모가 있습니다. 좋은 부모가 되기 위해 먼저 기도로 준비하세요. ♥

099
아버지의 본

말씀 | 데살로니가전서 1:6-10

6 또 너희는 많은 환난 가운데서 성령의 기쁨으로 말씀을 받아 우리와 주를 본받은 자가 되었으니 7 그러므로 너희가 마게도냐와 아가야에 있는 모든 믿는 자의 본이 되었느니라 8 주의 말씀이 너희에게로부터 마게도냐와 아가야에만 들릴 뿐 아니라 하나님을 향하는 너희 믿음의 소문이 각처에 퍼졌으므로 우리는 아무 말도 할 것이 없노라 9 그들이 우리에 대하여 스스로 말하기를 우리가 어떻게 너희 가운데에 들어갔는지와 너희가 어떻게 우상을 버리고 하나님께로 돌아와서 살아 계시고 참되신 하나님을 섬기는지와 10 또 죽은 자들 가운데서 다시 살리신 그의 아들이 하늘로부터 강림하실 것을 너희가 어떻게 기다리는지를 말하니 이는 장래의 노하심에서 우리를 건지시는 예수시라

묵상을 위한 질문

1. 바울이 데살로니가 성도들을 칭찬한 이유는 무엇인가요? (6-7절)

2. 그들이 주님을 본받은 사실은 삶에서 어떤 모습으로 나타났나요? (9-10절)

적용

주변에 신앙의 본이 되는 사람이 있나요? 그 사람에게 배울 점은 무엇인가요? 또 내가 자녀들에게 어떤 신앙의 본을 보이길 원하는지도 함께 나누어 보세요.

기도

사랑의 하나님, 부족하지만 우리가 예수님을 본받아 제자로 살며 자녀들에게 신앙의 본이 되길 원합니다. 부모를 본받으라고 말할 수 있도록 우리의 삶을 인도해 주세요. 예수님의 이름으로 기도합니다. 아멘.

메시지

폭력 가정에서 자란 아이가 이렇게 말했습니다. "선생님, 왜 하나님을 아버지라고 부르나요? 만일 하나님이 우리 아버지 같다면 전 하나님을 믿지 않을 거예요." 어린 시절 부모의 모습, 특히 아버지의 모습은 하나님을 섬기는 데 많은 영향을 줍니다. 부정적인 모습은 자녀가 하나님께 나아가는 것을 막습니다. 사람들은 종종 하나님을 생각할 때, 자신이 본 아버지의 모습을 떠올립니다. 따라서 온전한 부모가 되기 위해서는 하나님의 성품과 사랑을 배워야 합니다.

바울은 그의 서신서에서 내가 그리스도를 본받은 것처럼 너희들도 나를 본받으라고 말합니다. 자녀들이나 성도들을 향해 자신을 본받으라고 말할 수 있는 사람은 많지 않습니다. 그러나 하나님을 향해 진실한 믿음이 있으며 그렇게 살려고 노력했다면, 비록 부족하고 인간적인 모습이 남아 있더라도 좋은 신앙의 본이 될 것입니다.

우리가 완벽해서 본이 되는 것이 아닙니다. 그렇게 살려고 노력하며 몸부림친 것들이 자녀에게 귀한 본이 됩니다. 예수님은 이 땅에서 아버지께서 행하신 일을 행하시며 스스로 본을 보이셨습니다. 바울 역시 주님의 본을 따라 살았습니다. 이처럼 부모는 자녀에게 신앙의 본을 보여야 합니다. 자녀들은 부모의 모습으로 하나님을 이해한다는 사실을 기억하기 바랍니다. ♥

100
여호와만을 섬기는 가정

Date   .   .

말씀 | 여호수아 24:14-15
14 그러므로 이제는 여호와를 경외하며 온전함과 진실함으로 그를 섬기라 너희의 조상들이 강 저쪽과 애굽에서 섬기던 신들을 치워 버리고 여호와만 섬기라 **15** 만일 여호와를 섬기는 것이 너희에게 좋지 않게 보이거든 너희 조상들이 강 저쪽에서 섬기던 신들이든지 또는 너희가 거주하는 땅에 있는 아모리 족속의 신들이든지 너희가 섬길 자를 오늘 택하라 오직 나와 내 집은 여호와를 섬기겠노라 하니

묵상을 위한 질문
1. 여호수아의 마지막 유언은 무엇인가요?

2. 그리스도인으로서 어떻게 인생을 마무리하는 것이 하나님과 사람들 앞에서 아름다울까요?

적용
하나님보다 더 큰 자리를 차지하는 이방 신이나 세상의 가치가 있다면, 오늘 말씀을 통해 하나님만을 따르기로 결단하세요. 그리고 신앙의 유산이 계속 이어지도록 함께 노력해 보세요.

기도
사랑의 하나님, 우리를 천국으로 초대하시고 믿음을 계승하게 하시니 감사합니다. 우리의 삶이 하나님을 경외하며, 예수님을 섬기는 경건한 믿음의 가정이 되게 해 주세요. 예수님의 이름으로 기도합니다. 아멘.

메시지

여호수아는 모세의 뒤를 이어 백성들을 훌륭하게 가나안으로 이끌었습니다. 그리고 가나안 입성 후 백성들이 그 땅에 잘 정착하도록 도왔습니다. 여호수아는 애굽의 삶이 어떤지 알았고, 메마른 광야를 지나면서 모세와 동행할 때 하나님의 크신 이적과 도우심을 경험했습니다. 애굽에 내린 열 가지 재앙, 죽음의 천사를 보낸 유월절, 홍해가 갈라지는 기적, 하늘에서 내리는 만나를 보았습니다.

그가 마지막에 내린 결론이자 후손들에게 남긴 유언은 '나와 내 집은 오직 하나님만 섬기겠다'였습니다. 하나님을 경외하며 사는 삶이 얼마나 소중한지 깨달았던 것입니다.

마지막 순간에 여호수아는 백성의 지도자들을 불러 모았습니다. 그리고 하나님을 섬길 것인지, 이방 신을 섬길 것인지를 선택하도록 명했습니다. 또한 자신과 가족은 영원히 하나님을 섬길 것임을 선언했습니다. 백성의 지도자들은 여호수아가 죽은 후 그의 유언을 받들었고, 그들이 살아 있는 동안 백성들도 하나님을 경외했다고 기록되어 있습니다.

여호수아는 자신뿐 아니라 가족과 백성의 지도자들이 견고하게 하나님을 섬기도록 하고 인생을 마무리했습니다. 우리가 이 땅에서 남길 수 있는 가장 귀한 유산은, 자녀들과 다음 세대가 흔들림 없이 주님을 의지하며 신실한 신앙인으로 살아가도록 하는 것입니다. 우리의 믿음이 다음 세대의 삶에서도 이어지기를 바랍니다. ♥

○ 커플 Q&A ○

Q1. 기도만 하면 만남이 이루어지나요?

A. 기도는 반드시 필요합니다. 그러나 기도를 한다고 해서 자동적으로 만남이 이루어지는 것은 아닙니다. 하나님은 우리의 기도를 통해 마음을 인도하시고, 믿음으로 한 걸음 내딛을 때 길을 여십니다. 말씀을 따라 분별하며 순종할 때, 하나님의 뜻에 합한 만남을 이루게 됩니다. 그러므로 기도하면서 동시에 하나님의 인도하심을 발견하려는 영적 민감함을 갖추어야 합니다.

Q2. 지금 만나는 사람이 하나님의 뜻에 맞는 배우자인지 확신하려면 어떻게 해야 하나요?

A. 배우자 확증은 초자연적인 계시보다도, 성경적인 기준에 부합하는지, 신앙과 가치관이 조화를 이루는지, 하나님과 함께 가정을 세워 갈 수 있는 사람인지를 분별함으로 이루어집니다. 하나님은 우리의 인격적인 결정을 존중하시며, 그 안에서 인도하십니다. 특별한 사인보다는 책임 있는 선택이 중요합니다.

Q3. 믿지 않는 이성과의 교제는 가능한가요?

A. 가능하다고 말할 수는 있지만, 매우 신중해야 합니다. 신앙은 삶 전체를 지배하는 세계관이기에, 신앙이 다른 사람과의 결혼은 깊은 내적 갈등과 고통을 초래할 수 있습니다. 가정은 선교지가 아니라 예배의 자리여야 합니다. 만약 교제 중이라면, 신앙고백과 양육이 반드시 선행되어야 하며, 전도적 결혼에 대한 환상을 경계해야 합니다.

Q4. 교제가 끝났을 때 어떻게 해야 하나요?

A. 하나님은 우리의 모든 과정을 아시고 주관하십니다. 교제의 실패는 인생의 실패가 아니라, 더 좋은 만남을 위한 하나님의 인도하심일 수 있습니다. 그 만남을 통해 하나님을 더 깊이 알게 되었는지를 돌아보며, 자신의 감정과 선택을 말씀 안에서 정돈해 보세요. 주권자 하나님을 신뢰하면 반드시 회복의 길이 열립니다.

Q5. 혼수 준비, 어떻게 해야 하나요?

A. 혼수 준비는 결혼의 기쁨을 나누는 과정입니다. 실용성과 절제, 하나님 앞에서의 나눔의 정신이 조화를 이루는 것이 중요합니다. 대화와 상의, 그리고 불필요한 소비를 지양하는 태도로 준비하고, 혼수 비용의 일부를 선교나 구제로 드리며 시작부터 하나님의 은혜를 경험해 보세요. 신혼 초에 TV 없이 함께 대화하며 교제하는 시간을 누리는 것도 좋은 선택입니다.

Q6. 결혼식은 어떻게 준비해야 하나요?

A. 결혼은 계약이 아니라 언약이며, 예배입니다. 교회 안에서 목회자 주례로 드리는 예식은 결혼의 거룩함과 하나님 앞에서의 약속을 분명히 드러내는 선택입니다. 주례 목사님을 미리 찾아뵙고 감사 인사를 드리며, 예식 전에 예행연습을 반드시 해보세요. 결혼식은 인생의 가장 복된 예배가 되어야 하며, 경건하고 단정하게 준비되어야 합니다.

Q7. 목회자와 결혼하고 싶다면 어떻게 해야 하나요?

A. 목회자와의 결혼은 사명과 비전을 함께하는 삶에 동참하는 것입니다. 사모가 사역에 관심이 없다면 목회자는 큰 부담을 지게 됩니다. 사모의 소명 없이는 목회자의 길을 함께 걷기 어렵습니다. 목회자와 결혼하고자 한다면, 나 역시 주님의 사역을 위해 헌신할 준비가 되어 있는지 먼저 점검해 보아야 합니다.

Q8. 목회자가 결혼할 때 고려할 점은 무엇인가요?

A. 목회자는 사모를 경제적 후원자가 아닌 믿음의 동역자로 만나야 합니다. 경제적 이유로 성급히 결혼하는 것은 나중에 역할 갈등을 일으킬 수 있습니다. 사모는 아내이자 '사역의 동반자'이며, 은사와 비전, 성품이 조화를 이루는 사람이 되어야 합니다. 그리고 가능한 한 목회자로 준비가 된 후에 결혼을 결정하는 것이 바람직합니다.

Q9. 선택과 결정의 기준은 무엇인가요?

A. 모든 질문과 결정 앞에 먼저 "하나님 중심으로 생각하고 있는가, 나 중심으로 판단하고 있는가?"를 묻는 것이 출발점입니다. 모든 과정에 "하나님께서 기뻐하실까?"를 기준으로 삼으세요. 중요한 선택일수록 믿음의 선배들과 지도자에게 조언을 구하는 겸손한 자세를 가져야 합니다. 하나님의 뜻은 공동체 안에서 더 명확하게 분별할 수 있습니다.

Q10. 서로 너무 달라서 힘든데, 계속 교제해도 될까요?

A. 성격 차이는 모든 커플에게 존재합니다. 중요한 것은 서로 다른 점을 얼마나 인정하고 존중하며 대화와 신앙으로 풀어나갈 수 있느냐입니다. 서로의 다름은 문제가 아니라, 성숙을 위한 기회입니다. 성격 차이와 인격은 별개 문제입니다. 서로의 다름을 통해 자신을 돌아보고 상대방을 깊이 이해하는 기회로 삼아 보세요.

Q11. 경제적인 준비가 부족한데, 결혼을 미뤄야 하나요?

A. 하나님은 부요함이 아닌 믿음으로 세운 가정을 기뻐하십니다. 현실적인 준비도 중요하지만, 그것이 결혼을 계속 미루게 만드는 이유가 되어서는 안 됩니다. 중요한 것은 경제적인 준비가 아니라, 함께 어려움을 믿음으로 이겨 낼 마음의 준비가 되어 있는가입니다.

Q12. 결혼하면 신앙이 더 깊어지나요?

A. 결혼은 신앙의 성장에 좋은 기회가 됩니다. 하지만 저절로 신앙이 성숙해지는 것은 아닙니다. 부부가 함께 말씀, 기도, 예배의 습관을 세워야 합니다. 결혼은 한 사람의 신앙을 두 사람의 신앙으로 확장해 가는 과정입니다. 노력이 없이는 성장도 없습니다.

Q13. 부모님이 반대하실 때 어떻게 해야 하나요?

A. 부모님의 의견은 결혼에서 매우 중요한 요소입니다. 하나님은 가정을 세우실 때 부모님과의 관계도 존중하길 원하십니다. 무작정 반대하는 경우라 해도 기도로 준비하며 대화를 시도하고, 믿음으로 반응하는 모습이 중요합니다. 인내와 지혜로 부모님의 마음을 얻어야 합니다.

Q14. 결혼 후에 신앙이 흔들릴까 봐 걱정되는데, 어떻게 하면 좋을까요?

A. 걱정만 하지 말고, 구체적인 신앙 계획을 세워 보세요. 결혼 후 신앙이 식지 않도록 주일 성수, 가정 예배, 말씀 묵상, 부부 기도 등의 '신앙 루틴'을 함께 만들고 결단해 보세요. 신앙은 결혼 후에 유지되는 것이 아니라, 지금부터 함께 세워 가야 하는 기초입니다.

Q15. 서로의 과거에 대해 어디까지 나누어야 하나요?

A. 과거는 중요하지만, 또한 매우 민감한 영역입니다. 모든 것을 낱낱이 다 말할 필요는 없지만, 두 사람 사이의 신뢰를 위한 정직한 태도와 진심은 반드시 필요합니다. 과거를 판단의 기준이 아니라, 미래를 향한 은혜의 통로가 될 수 있도록 지혜롭게 나누는 것이 필요합니다.

Q16. 교회에서 연애하거나 결혼하는 것이 부담되면 어떻게 해야 하나요?

A. 사람들의 시선이나 평가 때문에 교회에서 연애하거나 결혼하는 데 부담을 느끼는 경우가 있습니다. 그러나 하나님 안에서 이루어지는 관계라면, 그것은 부끄러움이 아니라 영광입니다. 공동체의 조언은 유익하지만, 결정은 본인의 믿음 위에서 이루어져야 합니다.

Q17. 결혼하면 신앙 외에도 현실적인 갈등이 많은가요?

A. 결혼은 거룩하지만 동시에 현실적입니다. 생활 방식, 돈 문제, 직장, 집안일, 시댁·처가 문제 등 수많은 갈등이 생깁니다. 그러나 그런 현실을 믿음으로 마주하고 대화하며 기도할 때, 하나하나 해결해 갈 수 있습니다. 결혼은 현실에서 하나님을 배우는 최고의 훈련장입니다.

Q18. 배우자 기도는 어떻게 해야 하나요?

A. "정해진 사람을 주세요"가 아니라, "저를 준비시켜 주세요. 하나님의 뜻 안에서 선택하게 해 주세요"라는 기도가 바른 방향입니다. 배우자 기도는 상대방을 구하는 기도이자, 동시에 내가 준비되는 기도입니다. 기도하며 배우자의 기준을 말씀으로 세워 보세요. 무엇보다 세상의 기준이 아닌 하나님의 마음에 합한 배우자를 구하는 기도가 중요합니다.

Q19. 연애 중에 싸울 때 어떻게 풀어야 하나요?

A. 갈등이 없다면 오히려 비정상입니다. 중요한 것은 싸운 뒤의 태도입니다. 자신의 감정을 정리하고, 기도로 자신을 돌아본 뒤, 상대방을 이해하려는 자세로 대화해 보세요. 사랑은 감정이 아니라 결단이며, 갈등은 성숙으로 나아가는 기회입니다.

Q20. 결혼 전 동거, 괜찮을까요?

A. 결혼 전에 살아보면 서로를 더 잘 알 수 있다는 말이 있지만, 동거는 언약 이전에 생활을 공유하는 것으로 하나님이 정하신 질서를 거스르는 행위가 될 수 있습니다. 성적인 유혹과 경계의 흐려짐은 나중에 신뢰의 문제로도 이어질 수 있습니다. 결혼 전 동거는 신뢰를 확인하는 방법이 아니라, 거룩함을 위협하는 요소입니다. 하나님의 방식을 따라 언제나 정결하고 질서 있게 결혼을 준비하세요.

Q21. 연애 중 스킨십은 어디까지 괜찮을까요?

A. 신체적 표현은 감정의 흐름을 타기 쉽고, 그 경계가 점점 흐려질 수 있습니다. 혼전 스킨십은 결국 혼전 성관계로 이어질 수 있는 위험성을 내포합니다. '사랑하니까'라는 이유보다, '하나님 앞에서 거룩하게'라는 기준을 세워 보세요. 결혼 전 신체적 표현은 상대를 더욱 존귀하게 대하는 방식으로 제한되어야 하며, 책임과 헌신이 동반된 표현만이 진짜 사랑입니다.

Q22. 혼전 성관계는 왜 문제가 되나요?

A. 혼전 성관계는 죄의식을 심어 주며, 임신의 위험이 있고, 자존감의 상실과 부정적인 자아상을 갖게 합니다. 결혼을 약속했더라도 하나님 앞에서 거룩함을 잃는 일이며, 감정에 휩쓸린 잘못된 선택이 될 수 있습니다. 진짜 사랑이라면 기다리고 절제할 줄 아는 용기와 결단이 함께합니다. 두 사람 사이에 진솔한 대화와 경계가 필요하며, 그 기준은 하나님의 말씀이어야 합니다.

○ 주제별 추천 도서 ○

♣ 데이트 · 의사소통

『5가지 사랑의 언어』(게리 채프먼, 이하 생명의말씀사)
『그리스도인답게 말하기』(캐롤린 레이시)
『하나님의 성격 수업』(서창희)
『당신의 관계는 안녕하십니까?』(토머스 파)

♠ 경제

『하나님의 투자 수업』(서창희)
『돈에 넘어지지 않는 그리스도인』(척 벤틀리)

▶ 삶의 방향과 가치관

『삶을 허비하지 말라』(존 파이퍼)
『소명과 용기』(고든 스미스)

✚ 기도

『아내의 기도로 남편을 돕는다』(스토미 오마샨)
『남편의 기도로 아내를 돕는다』(스토미 오마샨)
『하나님과 함께하는 부부기도 100』(김민정)

● 결혼 준비

『결혼설명서』(조현삼)
『아직 결혼하지 않은 당신에게』(마셜 시걸)
『존 파이퍼가 결혼을 앞둔 당신에게』(존 파이퍼)
『결혼 전에 꼭 알아야 할 12가지』(게리 채프먼)

◆ 가정

『복음이 빛나는 부부』(강성환, 길미란)
『그리스도인의 결혼생활』(마틴 로이드 존스)

○ 에필로그 ○

세상은 말합니다. 혼자가 더 편하다고, 결혼은 선택이라고, 가정은 부담이라고…. 하지만 하나님은 말씀하십니다.

"사람이 혼자 사는 것이 좋지 아니하니…"(창 2:18).

하나님께서 사람을 창조하시고 제일 먼저 주신 선물이 바로 가정입니다. 가정을 이루는 것은 가장 고귀한 일이자, 하나님께서 기뻐하시는 거룩한 사명입니다. 그 안에서 서로를 사랑하며, 용서하고, 함께 울고 웃으며, 하나님의 뜻을 실현해 가는 여정은 결코 쉽지 않지만, 그 무엇과도 바꿀 수 없는 깊은 기쁨과 보람이 있는 길입니다.

부부가 하나 되어 하나님을 섬기고, 자녀를 통해 하나님의 나라를 이어 가는 삶, 이것이 바로 우리가 지금 이 땅에서 먼저 살아가는 작은 천국의 모습입니다.

물론, 현실은 때로 지치고 넘어지고, 쉽게 흔들리기도 합니다. 하지만 포기하지 마세요. 세상이 말하는 가정의 기준이 아닌, 하나님이 말씀하신 가정의 비전을 품고 나아가세요. 건강한 가정을 꿈꾸는 일은 곧 하나님의 일을 감당하는 것입니다.

이 큐티가 그 여정에 작은 등불이 되길 바랍니다. 그리고 두 사람의 사랑이 말씀 위에 세워져, 믿음의 가정을 이루고 살아가는 모든 걸음을 하나님께서 친히 인도하시길 축복합니다. 함께 꿈꾸고 걸어가세요. 하나님이 여러분과 동행하실 것입니다.

사명선언문

너희가 흠이 없고 순전하여……세상에서 그들 가운데 빛들로
나타내며 생명의 말씀을 밝혀 _ 빌 2:15-16

1. 생명을 담겠습니다
만드는 책에 주님 주신 생명을 담겠습니다.
그 책으로 복음을 선포하겠습니다.

2. 말씀을 밝히겠습니다
생명의 근본은 말씀입니다.
말씀을 밝혀 성도와 교회의 성장을 돕겠습니다.

3. 빛이 되겠습니다
시대와 영혼의 어두움을 밝혀 주님 앞으로 이끄는
빛이 되는 책을 만들겠습니다.

4. 순전히 행하겠습니다
책을 만들고 전하는 일과 경영하는 일에 부끄러움이 없는
정직함으로 행하겠습니다.

5. 끝까지 전파하겠습니다
모든 사람에게, 땅 끝까지, 주님 오시는 그날까지
복음을 전하는 사명을 다하겠습니다.

서점 안내

광화문점 서울시 종로구 새문안로 69 구세군회관 1층
02)737-2288 / 02)737-4623(F)

강남점 서울시 서초구 신반포로 177 반포쇼핑타운 3동 2층
02)595-1211 / 02)595-3549(F)

구로점 서울시 동작구 시흥대로 602, 3층 302호
02)858-8744 / 02)838-0653(F)

노원점 서울시 노원구 동일로 1366 삼봉빌딩 지하 1층
02)938-7979 / 02)3391-6169(F)

일산점 경기도 고양시 일산서구 중앙로 1391 레이크타운 지하 1층
031)916-8787 / 031)916-8788(F)

의정부점 경기도 의정부시 청사로47번길 12 성산타워 3층
031)845-0600 / 031)852-6930(F)

인터넷서점 www.lifebook.co.kr